Coffee Talk in 亀や

「しめぎさんのコーヒー話し」

対談　標　交紀氏／酒井　天美氏

本書発行について

本書は、山形県鶴岡市のカフェ「コフィア」の店主・門脇裕希氏が、二〇〇八（平成二〇）年に編集発行した本を、このたび、いなほ書房刊行として復刻したものです。

今はなき吉祥寺の名店「もか」店主・標交紀氏の単行本『苦味礼讃』と『咖啡の旅』（両書とも、いなほ書房刊）が、いずれも絶版品切で、入手困難の本になっています。

けれども今なお、標氏の一杯の珈琲にかける思いがどのように形成されたのか、そしてその情熱がどのようなものであったかを知りたい人が大勢いますし、私自身も、皆様に標氏の店と人となり、あり方を知って欲しいと願っている一人として、今回、書店からも入手できる本として、門脇氏の協力を得て発行したものです。

二〇二五（令和七）年四月吉日

いなほ書房代表　星田宏司

まえがき

生涯の師匠である標《しめぎ》交紀《ゆきとし》氏の講演会が、平成十五年九月七日に「しめぎさんのコーヒー話し」と題して湯野浜温泉「亀や」さんで開催されてから、早や五年が過ぎました。そのときの講演内容を形あるものとして発刊し永久に保存するべく準備に取りかかっておりましたところ、標氏が突然の病魔に襲われて闘病を余儀なくされ、リハビリにも励んでおりましたものの、容態が急変し、昨年十二月二十四日不帰の人となってしまいました。講演内容を活字化し出版することについては生前に標氏の校閲を受け内諾を得ておりましたので、ご遺族の標夫人と共に内容を精査、この作業においては、活字で忠実に再現した講演内容に必要最少限の修正を施し、標氏の明るい人柄とそのユニークな話しぶりを、皆様にできるだけそのままお伝えするよう努めました。標氏のコーヒーに対する熱い思い入れを読者の皆様にお伝えできればこの上ない幸いと思います。

なお、本誌の発刊にあたり、編集を高野あき氏、イラストを渕江裕子氏にそれぞれご尽力いただきました。また写真提供にご協力いただいた方々にも、ここに深く御礼申し上げます。

平成二十年十二月二十四日　　門脇　祐希

Contents

表紙＆イラスト：渕江裕子

標 交紀氏と奥様の和子さん

標 交紀(しめぎ ゆきとし)氏プロフィール

昭和15年(1940年)東京生まれ。

昭和37年8月13日喫茶店「モカ」を開業。

昭和45年より井の頭公園の現在地に移り、自家焙煎コーヒーの店「もか」として出店。

昭和51年よりヨーロッパ、中近東、アフリカ諸国を歴訪しコーヒーの歴史、文化、味の研究を深める。

また同時にアンティークのコーヒー道具の収集にも努めた。日本の自家焙煎コーヒー店の老舗であり最高峰の店として国内はもとより海外にも多くのファンを得た。


「男の料理」他NHKテレビ、ラジオにも出演。

著者に『苦味礼讃』(いなほ書房)、『咖啡の旅』(みずほ書房)

咖啡を 道しるべに‥‥。
It is in a guidepost about coffee.
香り豊かな美味しい咖啡をじっくり楽しみたい。それは、咖啡好きなら誰もが願うこと‥。
咖啡を研究し続けて40年、世界が認める咖啡焙煎人「標 交紀」氏の創り出す、
香り高きCoffee Worldを皆様でお楽しみください。
Shimegi's Collection
「コーヒー屋のコレクション」展
9/2(火)～9/15(月)
羽黒町 ギャラリーまつ
(1階アートスペース)
午前9時～午後5時
入場無料
吉祥寺 咖啡店「もか」店主 標 交紀 氏が収集・所蔵の珈琲アンティークの品々との楽しい出会いです。
9/2(火)と9(火)に限り、標氏焙煎豆にて咖啡を提供させていただきます。(有料)
Coffee Talk in 亀や
しめぎさんの咖啡ばなし
「咖啡を 道しるべに‥‥。」
東京 吉祥寺 もか店主 標 交紀 氏
司 会 羽黒町松ヶ岡 ギャラリーまつ主宰 酒井 天美 氏
日 時 9/7(日)午後2時 開演
場 所 湯野浜温泉 亀や(2階大海の間)
入場料 1,500円(税込)
定 員 先着100名様限定
当日は開演前、亀や1階ロビーにおいて標咖啡をご提供いたします。
咖啡のご試飲は、昼12時頃より1時30分までとさせていただきます。
ご希望の方はお早めにご来館ください。
標 交紀(しめぎ ゆきとし)プロフィール
昭和15年(1940年)東京生まれ。 昭和37年8月13日喫茶店「モカ」を開業。
昭和45年より井の頭公園の現在地に移り、自家焙煎咖啡の店「もか」として出店。
昭和51年よりヨーロッパ、中近東、アフリカ諸国を歴訪し珈琲の歴史、文化、味の研究を深める。
また同時にアンティークの珈琲道具の収集にも努め、現在店内の一部を珈琲資料館として、展示している。
日本の自家焙煎咖啡店の老舗であり最高峰の店として国内はもとより海外にも多くファンをもっている。
現在も「もか」店主としてますます活躍中。
「男の料理」他NHKテレビ、ラジオにも出演。 著書に「苦味礼讃」(いなほ書房)「咖啡の旅」(みずほ書房)
咖啡店
Coffea
自家焙煎
山形県鶴岡市錦町13-11プラザ7
TEL 0235-22-8778

酒井 天美氏との対談の様子

阿部　たいへん長らくお待たせいたしました。本日は「しめぎさんのコーヒー話し」にお越しいただきまして誠にありがとうございます。司会をさせていただきます当館の阿部でございます。どうぞよろしくお願いいたします。

さて本日の「しめぎさんのコーヒー話し」は、ここ鶴岡で十一年にわたりまして、選び抜かれたコーヒー豆と自家焙煎、そしてネルドリップにこだわり、わたしたちにおいしいコーヒーを淹れ続けてくださいます、鶴岡「コフィア」の店主門脇《かどわき》祐希《ゆうき》さんが、コーヒーの魅力・奥深さをもっと皆さんに知っていただきたい、そんな思いから、門脇さん自身の師匠であります吉祥寺「もか」の店主、標交紀《しめぎゆきとし》氏をお招きして開催させていただきました。

また、「ギャラリーまつ」では、標氏の道具にまつわるコレクションを九月十五日まで開催させていただいておりますので、ギャラリーまつへもどうぞお越しください。

本日は「しめぎさんのコーヒー話し」をギャラリーまつ代表の酒井《さかい》天美《あまみ》氏との対談の形式で進めてまいります。最後に質問の時間もご用意してありますので、ご自由にご質問していただければと思います。

ではさっそく、標さん、天美さんをご紹介したいと思います。皆さん拍手でお迎えください。

湯野浜温泉 亀や 阿部専務（現副社長）

ダンディで明るい人柄にホッ

酒井　皆様こんにちは。きょうはとってもよいお天気で、標さんを歓迎するような久しぶりの晴天のなか、「亀や」までようこそお越しくださいました。

標さんは、もう十分皆様はご存知かと思いますけれども、日本国内だけではなくて世界各国からコーヒーの研究者として知られている方でございます。さきほど亀やの専務がおっしゃったかと思いますが、コフィアの門脇さんの尊敬する先生でもいらっしゃいます。もう一度拍手で歓迎申し上げたいと思います。

きょうは皆さんとともに先生のお話をいろいろお聞きするのを楽しみにしております。

さっきちょっと伺いましたら、これ、コーヒーの葉っ

ぱを湯の浜のお花屋さんがきょうのためにご準備くださったようで、この（テーブルに飾ってあるお花の）下の方の青い葉っぱがコーヒーの葉っぱだそうですが、本当にすてきな会場を作っていただいて、たいへん嬉しく思っております。

　私は、先ほどご紹介いただいたように、現在、標さんが長い間お集めになった大切なコーヒーの用具をギャラリーまつで飾らせていただいております。

　コフィアに――コフィアは今年十一年目になるんですが――初めてお友達に誘われてお店に参りました時、ひと口コーヒーを飲んで、「えっ」と思いました。私は東京から参りましたけれども、それまで自家焙煎の、あのように馥郁たる香りと味のコーヒーをいただいたことがなかったんです。それで鶴岡にこういうお店があるのかとたいへん嬉しく思っておりまして、ギャラリーとか博物館にいろんな方が見えると必ずコフィアにお連れします。そうすると皆さんが「鶴岡でこういうコーヒー専門の、おまけに自家焙煎のお店があるっていうのはすごいですねぇ、鶴岡は文化的なんですね」といってくださいます。私は鶴岡は確かに文化の香りのするところだと思いますが、それに一入《ひとしお》香りを添えていただいているお店だと思っております。

　（お店に）伺うといつも門脇さんが「私の師匠は……」って標さんのことをお話しされるんです。そのときすごい厳しい人だったとか怒られたとか、なかなか目標に近づけないという話を伺っているんで、ものすごい怖い方だろうな、厳しい方で気難しいんだろうなと思って、本当に恐る恐るお会いしましたところ、このようにダンディで明るいお人柄の方なんでホッといたしました。

　それでは皆さまとともにお話を伺わせていただきます。

　鶴岡は二度目と伺っておりますが、いかがでございますか。

鶴岡「コフィア」のこと

標
　私どものところへ門脇君が勤めてくれまして、長い間、まあ、一番、門脇君が、私に毎日叱られていたと思います、うちの従業員の中では。普通だったらだいたいもうそれで店をやめて他の店に移るなり、まずコーヒーをやめていたと思うんですけれども――私もどちらかというとうまくカバーしながら怒ってあげる人間じゃなくて、門

湯野浜温泉 亀や

コーヒーの葉

脇君の心臓をずいぶん弱めたと思いますけども——彼自身は私のお店に最後までいてくれまして。そいで、ウチの従業員の中ではたくさん、四十年の間にはいっしょに働いてくれた子たちが多いんですけれども、門脇君こそ、私が死ぬまで、というんですか、うちのお店が閉店するまで彼にそばにいてほしいと思った人なんですよ。

ところが東北方面は、まあ、こういっちゃなんですが、あまりいいコーヒー屋さんがなかった、門脇君を庄内にお返しすれば、必ずいいコーヒーを出して皆さんに喜んでもらえるだろうと、そう思いましたんでね、門脇君は私のところにいてくださるといってくださったんだけれども、強引にダメだといいましてね、それで（彼は）庄内に戻ってきたわけです。

それでいろいろ噂を聞いたり……世界は広いし、いろんな意味でわからないこともたくさんありますけども、コーヒー業界っていうのは意外に広いようで狭いんです、それでまじめにやっている人間っていうのはちらほらしかいないんで、そういう噂っていうのは絶えず耳に流れてくるんですよ。そうすると、必ず山形というと彼の名前が出てきましてね、すごく嬉しいことだと思っています。

松ヶ岡記念館にて展示された
標氏所有のコーヒー道具

酒井　松ヶ岡できのう展示を見せていただきましたけれど、大切なものを、資料館もおありになるのに、そこからお借りしましてありがとうございます。

標　いえ、とんでもないです。きれいに飾っていただいてコーヒーの道具も喜んでると思います。

酒井　皆さまはこの会の前にコーヒーをもう召し上がってらしたんでしょうか。亀やさんを開けたとたんにすごくいい香りがしたと思うんですが。

今回も（標さんには）奥様の和子さんにご一緒に来て

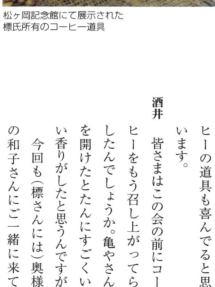

いただいておりまして。

カウンターの中には、門脇さんと標さんと同じ志を持って、勉強しながらコーヒー店を経営している新潟、富山、東京の方が応援に来てくださって、この会を盛り上げてくださいました。

そのように、ほんとに標さんのコーヒーに対する熱意というものは、各地方にいらっしゃる皆さんたちの胸の中にもいつもあって、何かあればご相談に行くと思うんですが、末永く頑張っていただきたいと思います。

焼き鳥屋さんと勝負

酒井　まず、一番最初にコーヒーの神様に出会われたということを伺っておりますが、そのへんのところからお願いいたします。

標　私のお店の、お客さまに絶対に見えないところに、「まず謙虚に」って書いてあるんですよ。そうすっと私みたいに、店で働いているときに、図体もでかいですし、態度も横柄な人間ですから、まさかそういうことが書いてあると思う方は少ないと思いますけれども、やっぱり「まず謙虚に」。

それは私がコーヒーを勉強し始めて——勉強し始めるっていうことより生活のためにコーヒー屋をやったんですけれども——その時にどうしてもお客様が入ってくださらないんで、ともかく味を良くしないといけないということで、ともかくコーヒーはよく勉強しましたけども……それにはどうしたらいいかと。

我々が勉強する時代っていうのは、コーヒーの本もなかったし先輩たちにコーヒーを教えてくれる方がいなかった。もちろん大きな大企業のコーヒー屋さんだけはいっぱいありましたけども、そういう企業のコーヒーと私が望んでいるコーヒーとは味がぜんぜん違ったわけです。

で、お客様がぜんぜん入らないので、コーヒーの生の豆の、最初っからいい豆じゃなくて屑《くず》豆を、鍋で煎って——ちょうど真正面が焼き鳥屋さんだったものですから、その焼き鳥屋さんは当時ほんとうによくお客さんを呼んで、まあ当時はコーヒーを飲むよりラーメンを食べた方がいいという時代だったものですから、その焼き鳥屋さんの焼き鳥の匂いとコーヒーの匂いと勝負しようということで、鍋で煎り始めて。それは、もちろん屑の豆なんですけども、その屑の豆を飲んでみたら、企業のコーヒーの味よりおいしいわけです。

コーヒーの神様
襟立《えりたて》先生

それがきっかけで自分で豆を煎ったらどうだろうと思いまして、全国、いろんな先輩たちやそういうお店があるだろうと、北は北海道、南は九州まで——まだ新幹線がないころでしたから大変だったんですけれども。それと、今みたいに食べ歩きとか飲み歩きといった本があれば助かったんですけれども、それもなかった。ですからそれこそ町を何時間歩いて、それらしき店に入ってお話を伺ったりコーヒーを飲んだりしました。けれども、話をする人はたくさんいました、コーヒーはこうじゃなくちゃいけない、ああじゃなくちゃいけないって。ところが、出されたコーヒーを飲んでみるとひとつもおいしくないし……。

ま、そんなことがありまして何年続いたんですけれども、お金もかかるし、お店自体ももう潰れかかってましたんで、じゃあそろそろ店をやめようといったそのときに、大阪で——大阪も何度も足を運んだんですけども、食い倒れの大阪だからコーヒーもおいしいお店があるだろうと思いましたけれどもまったくなくて、それである一軒のお店が目に入りまして——いまはもうないんですけれども、それが襟立先生の小さなお店で。これを飲んだらコーヒー屋をもうやめて、これでコーヒーを最後にしようと……。普通だったらそんな店入んなかったと思うんですけれども、何かの縁でそこへ入りまして、一杯そこのコーヒーを出されたときに、味のわからない私が、コーヒーってこんなにうまいんだ、って、そう、思いまして。

そういうとよく皆さんに、どんなふうにおいしかったって聞かれるんですけども、おいしかったとか旨いってのは、テレビのレポーターじゃないんだから、いちいち苦味がどうの、やれこれがどうのっていうと、なんかこう聞いてても見ててもすごくしらじらしいんですけれども。どこ行っても、私は……おいしかったら何であろうといいです、コーヒーだけでなくてもいいんです、おいしかったら驚いてやればいいんです。旨いな、って驚いてやればそれでいいんです。そこへ何か説明を加えるとすごく薄っぺらなコーヒーになってしまいますから。

　ですから、私はその時の一杯、それを飲んで、このコーヒーを目標に、コーヒー屋をまた続けていこうと。ですからその時の一杯のコーヒーがなかったらば、私は点数がつけられ

ない程度のコーヒーをお客様に出して、今頃チェーン店の社長かなんかになって、今頃店を百軒ぐらい出して、指輪かなんかごろごろ持ってこういうとこへ登場してるんじゃないかと思うんですけども。そうじゃなかったらここへ来て皆さんとこういう機会を得られなかったと思うんです。その時の一杯が私のコーヒー人生を大きく変えましたね。

お客様に支えられて

酒井　四十年間もコーヒーに憑かれたというんでしょうか、追い求めていらしたわけですけども、その間にいろいろな出会いがあったと思うんですが、そういうエピソードがありましたらいくつかお願いいたしたいと思います。

　今の襟立先生のことはまず神様として、やはりいろんなときに出会った方たち、コーヒーを愛してくださるお店の方もそうでしょうし。

標　今の私の年齢でしたら出会いってずいぶん少なくなっていたはずなんですけども、当時は二十いくつでしょ、ですからもう皆さん大人で、私が話を持ってったりお会いしてくださいっていうと——その当時の大人っていうのは余裕っていうんですか、ありましたんでね——何でも聞いてくれたり、質問しても答えてくれてたんですよ。

　それともうひとつ。日本もそんなに豊かなときじゃありませんでしたので、皆さん、一所懸命生きてたんですよ、ですからコーヒー屋の私も一所懸命生きていた。するとそれを、もう味なんかどうしようもないものだったと

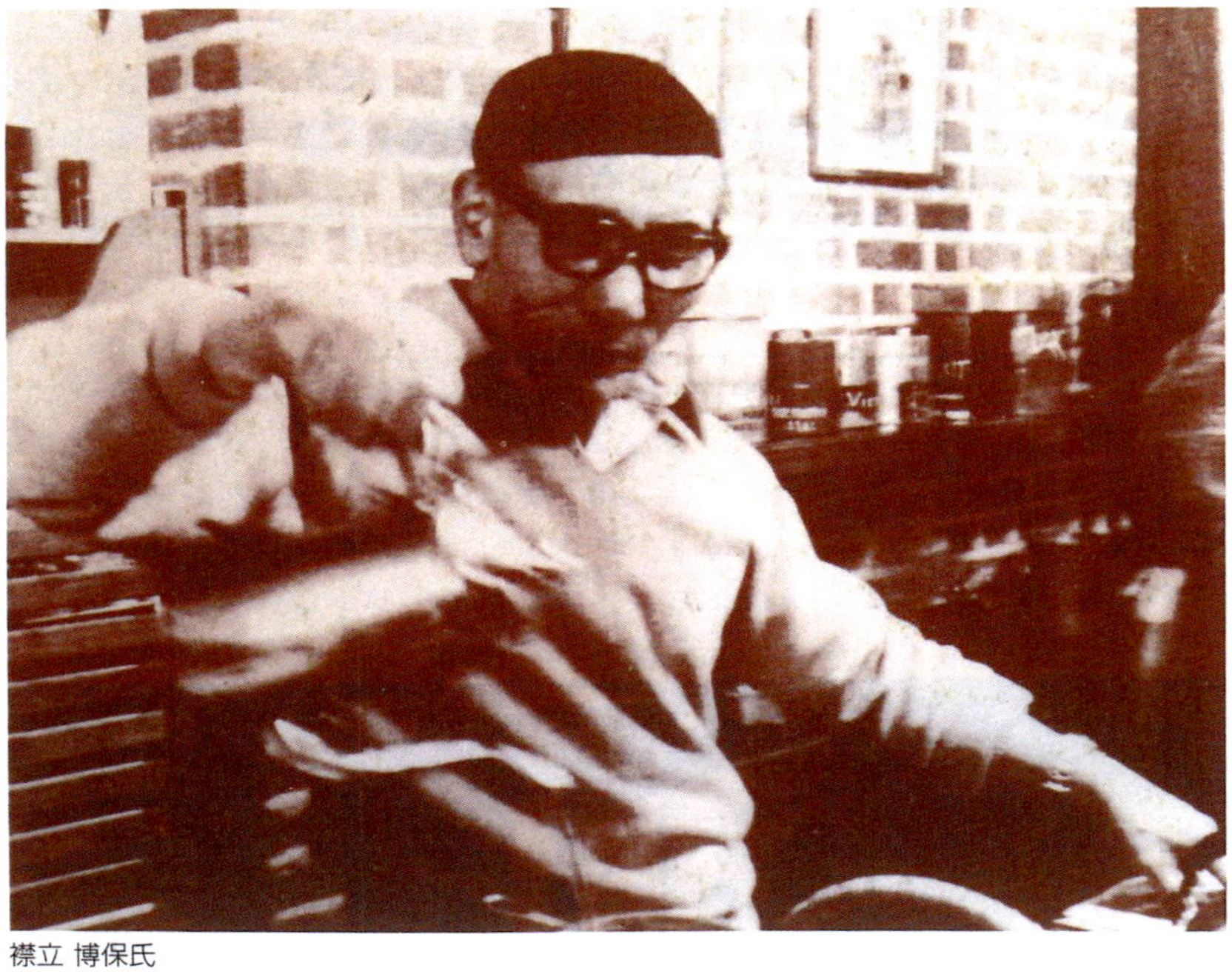

襟立 博保氏

酒井 天美氏

思いますけども、「あいつは一所懸命やってる」と。お前のコーヒーの味は毎日違う、だけどもお前は一所懸命やってる、だからその一所懸命さにお金を払うんだよ、そういう大人のお客様が私を支えてくれましてね、細々と店は続けていかれましたけども。

　コーヒーって出会いがある飲み物だと思うんですよ。今はなかなか、出会おうとしても、尻込みしたり、なんかこう、自分のペースで自分だけの考えで生きてく方が多いけれども、コーヒー一杯飲みながらそこで、何だっていいと思いますけれども話しをすれば、なにか心が通じ合うんじゃないかと思うんですよ。ですからそういう意味で私はコーヒーの勉強をさせていただきましたけども、すばらしい人たちにたくさん巡り会いましたね。

酒井　私の学生時代なんかは、コーヒーを味わうことが目的じゃなくて、その場に身を置いて人と会ったり音楽を聴いたり……ですから先にコーヒーが空になると（店を）出なきゃなんないから、コーヒーはどっちかっていうと雰囲気を出す飲み物で。コーヒーをほんとにおいしいと思って飲んだことはなかったんですね。だからその当時っていうのは日本人の生活の中にコーヒーっていうのは入ってきてなかったんじゃないでしょうか。

標　そうですね。

　私が学生の頃は喫茶店全盛の時代なんですよ。それはなぜかっていうと、まず友だちを部屋に呼ぶにしても三畳か四畳に住んでいますからね、冷蔵庫もなけりゃもちろん扇風機ひとつもないっていう、そういう時代でしたから、そうすっと手っ取り早く一五〇円払えば喫茶店でお水は出てくる、飲み物は出てくる、音楽はいい、そして綺麗な女の子でもコーヒー運んでくれりゃ、学生時代はそれでもう最高だったわけ

実のついたコーヒーの枝

ですよ。それで何時間居ても
——お店側としてはいやだったでしょうけども、お客さん側としては何時間もいられたわけですね。そういうところで喫茶店っていうのは本当に全盛時代で。だから、出す方はコーヒーらしきものだったらいいわけですね。正直な話、皆さん待ち合わせ場所だとか、場所提供代で行くわけですから、お水一杯でもいいわけですよ、一五〇円いただけば。ところがそうもいかないっていうことでコーヒーを出すわけですから、朝たっぷりコーヒーを作って、そしてお客様の注文があると鍋で沸かして注いで熱いのを出す。お客様たちにはなるたけ熱いうちに飲んでくださいよ、と。

なぜ熱いうちに飲むかっていうと、日本人は味噌汁とラーメンでずいぶんこの辺(口の周囲)を鍛えてるんですよ。

味噌汁とかラーメン、ぬるいのはおいしくないでしょ。すごく鍛えているものですから、コーヒー出されるとそのまま熱いうちに飲んでしまう。熱いうちだと味がわからないんですね。今でもそういうお店がありますから、そんな時の注意をひとつ。

　コーヒーを出されましてね、ちょっとこう見ますと、コーヒーカップの周りが緑色ってのはもう六時間以上経ったコーヒーですから、そういうコーヒーは飲まない。今さっきみんなが淹れてくれたコーヒーのようなコーヒーってのは周りが琥珀色なんです、これは絶対に胃を壊すようなコーヒーじゃない。そういうことひとつ覚えればいいと思うんですけどね。

鶴岡でおいしいコーヒーがいただける幸せ

酒井　私事ですけど、実家の母がもう九十なんですけど、四、五年前に鶴岡に来て、「コフィアに一緒においしいコーヒーを飲みに行きましょ」っていったら、「私はコーヒーが嫌いだから、紅茶ならいいけどコーヒーは飲みたくない」っていうんですよ。でもせっかくだから、とってもいいお店だからといって、門脇さんにしめぎモカを出してもらったんですが、その時に母が「九十歳にして目からウロコが落ちた」と。「コーヒーってこんなにおいしいものだったのね」っていいまして、今も時々来ると、お店に行きたい行きたいっていうんですね。

　だから今まで私たちの頭の中にあったコーヒーと、標さんが四十年間研究なさってきてご自分で焙煎しておいしいコーヒーを出すための研究をなさったことと、ほんとに大きな差があるなと思って。

　でもやっぱり私たちは幸せですよね。この鶴岡でこんなにおいしいコーヒーがいただけるってことを私たちは幸せだといつもほんとにそう思って。扉を開けたとたんに、いい香りとともに日常と違う世界に入れる——コーヒーを中心としたひとつの世界ですよね、そういうものをここに持っているのは幸

せだなと思うときに、ああ、よく標さんが門脇青年を仕込んでくださったと思います。

標　それはもう彼のセンスです。私じゃないんですよ。

インスタントコーヒー × 道具で淹れたコーヒー

標　「私はコーヒーが好きでねぇ」っておっしゃる方は、私は信用しないんですね。うちでも豆をお買いになるでしょ、初めての方ですよ、「私は一日に五杯以上コーヒー飲まなければダメなんだよ」というような。

先ほど私「謙虚に」って書いてあったっていいましたね。でもここへ来てあまり謙虚な話してもしょうがないと思いますんで――ちょっとこう、ものを褒めたり人を褒めたりするのはある程度の教養が必要だっていわれてますけど、私は東京ではコーヒーバカって呼ばれていますんで、その点ちょっときょうは口が滑るっていうこともあると思いますけど――。

「私はコーヒーが好きでね、一日に何杯も飲むのが好きだよ」という方は、じつはあまりおいしいコーヒーを飲んでないっていう証拠なんです。そんなに今おいしいコーヒー屋さんが日本にはないんですよ。だからそのおいしくないコーヒーを一日に五杯飲むということは薬屋さんを儲けさせているだけに過ぎない、と。飲んだ後に胃薬飲んだりしなけりゃならないっていう方で、そうじゃなかったら日本の場合っていうのはインスタントコーヒーじゃないかと。

ちょうど私が商売始めた昭和三十七年ですか、インスタントコーヒーが初めて日本に輸入された時なんですよ、ネスカフェとマックスウェルですか。そして昭和三十八年に森永がインスタントコーヒーを作ったってことで新聞でずいぶん大騒ぎしてましてね。私がコーヒーを始めたときと、インスタントコーヒーとは同じ年で、競争なんです。ですからね、インスタントコーヒーの悪口ってのはあまりいえないんですけども――だいたい日本人の方はインスタントから入って行って、インスタント以上に手軽で簡単に飲めておいしければオレもガリガリ（豆を）挽いて飲むよっていうふうになっちゃってるんです。でもインスタントより簡単っていうのはとうてい無理なんですね。

先ほど道具の話が出ましたけども、今、家庭で使うペー

パーだとかネルだとか、コーヒーメーカーだとか、見ただけで手軽で便利ですよね。ところが飾ってあるコーヒー道具ひとつひとつ見れば、重々しいんですよね。コーヒーの力っていうか、パワー、それをすごく感じるんですよ。そしてその道具が作られた時代ってのはコーヒーっちゅうのはもうたいへん貴重だったわけですから、何もないところからあれだけの道具を考えて作るわけです。今私たちがコーヒーの道具を何か作ろうかっていうと、歴史を見ていけば、ああ、こういうもの作れば簡単かな、と、どっか似せちゃいますよ。あるものにどっか頼りますよね。ところが百何年も前にあれだけの道具がひとつひとつ作られた。重々しくて、今から見れば仰々しいけれども、あれだけの物を作ったっていうことはすごいコーヒーに興味があったってことだと思いますから、それこそすばらしいコーヒーの時代があったと思うんですよ。

　それから思うと、日本はインスタントコーヒーと缶コーヒー、まあ、私はインスタントは一度も飲んだことないので、飲んだことのない奴が批評するなっていわれますのでね、批評しちゃいけないんですけど。缶コーヒーももちろん飲んだことありませんし。難しいやり方なら、私もそういうコーヒーを飲んでもいいんですけども……。

　コーヒーの淹れ方って、私が勉強してた時っていうのは、淹れ方八割材料二割っていわれた時代があったんですよ。だから淹れ方を上手にさえすれば材料は二割でよかったはずなんですね。でも私はそれに挑戦して、煎り方（焙煎）八割淹れ方二割。

　淹れ方二割ってのはある程度の注意を守ってくだされば、中学生だって淹れられるはずなんです。その材料に巡り会えないんですよ。だから先ほどいいましたように一日に何杯も飲むとかいう方たちは、もしかしたらインスタントコーヒーにお世話になっているんじゃないかなぁと、そう思うんです。

　ワインなんかはピンからキリまでなんですよ。三百円からウン十万のワインありますでしょ。コーヒーって三百円から千円、千二百円、まぁ千五百円ぐらいの差しかないんですよ。そういうと主婦の方がすごく多いんで、私た

ちは十円安くたってあっちのスーパー買いに行くのよっていわれちゃうかも知れませんけれども――。ですから皆さんがこれからおいしいコーヒー屋さん、おいしいコーヒーを、家庭の生活の中に入れたいって思いましたらそんなに幅が広い飲み物じゃないですから、材料を買う店を選んでくだされば、皆さんおいしいコーヒーが毎日楽しめると思うんですよね。

コーヒー人生最大のピンチ

酒井　焙煎に本当に打ち込まれて、奥様と十五年ぶりにやっと顔を合わせるというくらいに焙煎の方にのめりこんでおられて、お若い時でしたけれども、睡眠時間も何時間しかないような毎日でいらっしゃった標さんをご心配なさって、奥様の和子さんがコーヒーの視察の外国旅行を密かに企てて、どうしてもお店を休んでいかなければならないという状態になってはじめて、お店を休んで外国にいらしたというふうに伺ってますけど。そのことは標さんのその後に大きく影響したんでしょうか。

標　先ほどコーヒーの神様のお話しましたよね。私はその方のコーヒーを目指そうと思って何回かその方のお店行って飲んだんですけど、その方はお店をすぐやめちゃったんです。昔の職人気質の方は、お客が気に入らねぇっていうともうやめちゃう、そういう感じの方だった……それだけじゃなかったと思いますけども。

　ですからそれから飲みに行きたくても飲めなかったから、回数としては何回かしか会ってなかったんですね。でも私自身のお店はその頃になりますと一番繁盛していたんじゃないかと思うんです。それはなぜかっていうと、まず、皆さん、生の豆をあまり見たことないと思いますけども、生の豆を買ってお客さんの目の前で煎るわけですよ。それがおいしいってことを自分で感じたし、そのコーヒーを目指すには焙煎しなくちゃいけないっていうことで。お客様は、入ってらっしゃいますとコーヒーの匂いがバーンとしてきます。そして目の前で豆を煎ってるわけですよ。それを見ただけだってお客さまたちはもう今までのコーヒー屋とはぜんぜん違うし、何をやってんだこいつは、って感じですね。それと煙が濛々ですから、あの家には若い女の子たちはお酒落して行かれないって、

生のコーヒー豆

井上 誠氏

煙が染み付いちゃって、そんな評判だったんですけどもね。そういう実演販売みたいだったもんですから、一番お客様が入った時代だったと思うんですよね。

でも、その時にいくらやっても私の舌を満足させる味にはならなかった。それでワイフにある日店を畳ましてくれないか、あの先生のところへ弟子入りするよ、っていう話になりましてね。あの当時はまだ若かったですから。弟子入りしてある程度の基本ができたらまたお客様をお迎えしようという話を二人で……。ワイフとしては生活していかれなくなるわけですし、やっとお客が入った時代ですから、悩んだと思うんですけども……まあ二人で毎晩よく考えまして。そのときに、ある日先生がお亡くなりになったという……。ちょうどきょうあたりが命日だったと思うんですよ。もし先生がそのへんにお座りになってたら、私はここで今絶対にコーヒーの話はできません、しません。

先生が亡くなって、それが私自身コーヒー四十年の人生の中で一番のピンチでしたね。目標がなくなった、そして何かがあったときに先生にお聞きしたいと思っていたけど、まだお会いしてから少ししか経っていない、そして昔の人はやっぱり職人気質だから教えてくれない、私には教えてくれってことはなかなか言えなかった、そういう状態だったもんですから、ショックで、それでやめようとワイフと話して……。

もうひとりの神様 井上誠氏との出会い

ただ、やめるには、私が一生懸命やってたっていうことで、もう十年来もお金を払

いに来てくれたお客様がいたわけですよ、そういう方たちにきちんとご挨拶してやめなくちゃいけないからということで、チャンスを狙って閉めようという話で、お店を営業してたんですよ。

そして二週間目ぐらいでしたかね、井上誠っていいまして、日本のコーヒーの歴史の中ではこれ以上の先生は出ないだろうっていう、コーヒーの本をたくさん出す方なんですけども、その井上誠先生が私の店へ訪ねてきたんです。それまで会うチャンスはあったんです。ってことは「もか」ってお店が気狂いみたいにコーヒーやってるってことは先生の耳にすぐ入ってたんです。それで先生は新聞社の対談とか雑誌社の対談に私を引き出そうとしてよく電話を下さったんですよ。ところが先生に出すようなコーヒーは私はありません、ただ、先生に飲んでいただくようなコーヒーが出来たらお電話しますと。ところが先生もお年だったものですからくたびれてらっしゃった。そこでまた違った意味でのコーヒーの神様ですか、出会いまして。

そこから先生はどううちのお店が気に入ったのか分からないですけど、まあ一週間に五回、六回とコーヒーを飲みにいらっしゃって、ちょっと私が手が空くとコーヒーの雑談ですね。コーヒーってのはこうやってこうやってって形を作るものじゃないんだ、って。雑談の中から「あれっ」てヒントを取るようじゃなければ君のセンスを疑うから、っていうことで、先生からの雑談だったんですけども、そんなことがあったおかげでお店のほうも続けるようになったんですよ。

ヨーロッパの旅に出るまでのひと騒動

ところが味はやっぱり気に入らなかったんですね。当時、日本のコーヒー屋さんっていうのは、日本中の風土の中で、皆さんに味わっていただこうっていうコーヒーの味じゃなくて、アメリカがこうだから、イタリアがこうだから、ヨーロッパがこうだからっていうコーヒーが、日本でいつも繁盛しちゃうんです。それが私はたまらなくて――。私の考えているコーヒーはぜんぜんアメリカのコーヒーとは違う味なんですよ。そうすると、十年このコーヒーは続くだろうな、そうすっと私が淹れたこのコーヒーはだんだんお客さんが離れていくだろう。だったらこのコーヒーが流行している間に、私が考えているヨーロッパだっ

『咖啡の旅』

たら私のコーヒーに合うだろうか、ということでヨーロッパの旅をまず歩こうと。

　その頃からもう私はコーヒー以外目が行かなかったもので、従業員たちにも嫌われましてね、ははは。従業員たちが育って行きたいってうちへ来るのに、従業員を育てるより自分を育てようって一所懸命だったものですからね。それを第三者の立場でワイフが見てまして、これはいけない、このままいったら、倒れたとして、燃やしたら私はコーヒー一粒残っているような状態ではなくて逝くんじゃないかってぐらい、ワイフが心配しましまして、私にいうとまた「十日も店休めるか！」とかいうだろうと思うものだから、ぜんぶ陰でやって、それで二、三日前に、行くわよっていわれて。そこでまたものすごい夫婦喧嘩になりまして。それでももう二、三日後から十日ほど店を休むんだから、お客さんにご迷惑かけちゃいけないってことで、留守の間に不便をかけられないってことで、急遽豆を煎ったんです。

　まだその頃は成田じゃなくて羽田だったんです。その時はもう目の下まっ黒で顔はゲソッとして、まったく、病気一歩手前の顔をしてヨーロッパへ行ったわけですよね。それが初めてのヨーロッパへの旅なんです。

世界の三大コーヒー

酒井　出会われたヨーロッパのコーヒー、いかがでしたか。

標　今でもそうなんですけども「標さん、イタリアのコーヒーはどう、フランスのコーヒーはどう」っていいますけども、どこも同じなんですね。イタ

「もか」入口

リアにもフランスにもスイスにも私みたいなコーヒーバカが必ずいるっていうことなんですよ。それを探した時の、出会いがあったときの嬉しさっていうんですか、それがやっぱり旅を長く続けられたことだったと思うんですけどねぇ。

酒井　何軒もハシゴなさったんですか。

標　そうですね。今だったら店の前ぱっと通っただけで、どういうコーヒー出すかわかりますしね、店員さんの顔見ただけでも、それでちょっとわかんなかったらご主人の顔見ればだいたいわかるんですよ。でも当時はまだわかりませんので、入る先入る先飲みますでしょ、それと大先輩の国のコーヒーだから残しちゃ失礼だと思うから、もうガボガボですよね、それこそ食事も喉に入らないような状態で歩いてきましたけどね。

酒井　その時の経験っていうのは、やっぱり自国に合ったコーヒーを煎ろうっていうか、作ろうっていう感じだったんでしょうか。

標　そうですねぇ、この地球上の中では、三つのコーヒーの飲み方があるんですよ。トルココーヒーと、エスプレッソっていうのと私たちが絶えず飲んでる漉すコーヒーですね、この三種類が世界中で飲まれてるコーヒーなんですね。トルコからちょっと離れたアラブコーヒーってのもありますけども、ま、それは大体トルココーヒーに似てる、ただ豆の煎り方が違うだけで、一応、トルココーヒー、エスプレッソ、漉すコーヒーってことになってんです。やっぱり北欧みたいに――こちらの庄内のコーヒーも似てると思いますけども――冬は雪だとか冷たい風で家に閉じこもっている人たちのコーヒーっていうのは、我々が今飲んでいる漉すコーヒーってのになってて、地中海沿岸で気候もよくて、人間もどちらかっていうと陽気で、そういう方たちがちょっと飲むというのがエスプレッソであって。トルココーヒーっていうのはまったく歴史的な飲み物であって、それはまだトルコ、アラブの一部、中近東、アフリカあたりで飲まれてるコーヒーで、これはまあ、おいしいっていうよりも、伝統的な飲み物と思ったほうが間違いないと思いますね。

トルココーヒーのこと

酒井　寒河江っていうところはさくらんぼの産地なんです

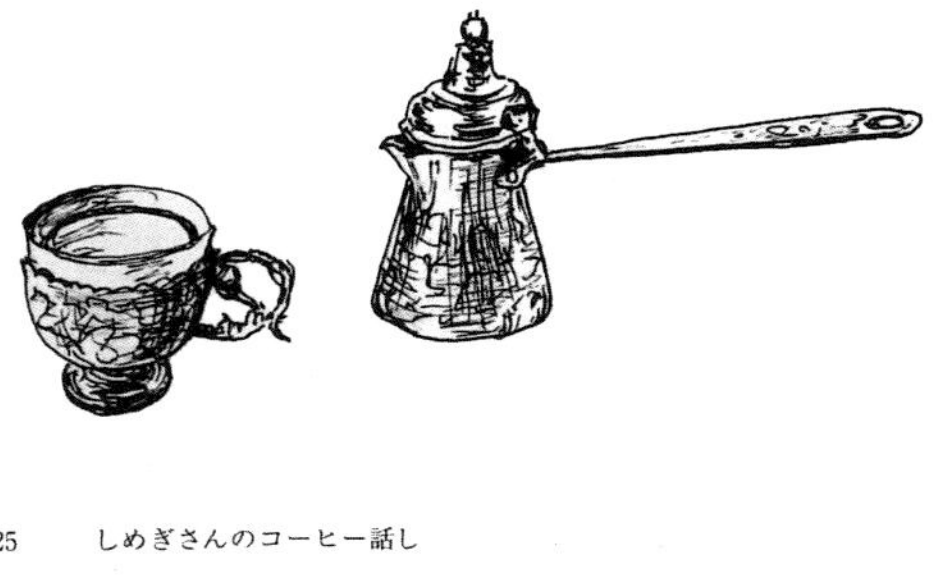

けど、さくらんぼってトルコが発祥の地というか、トルコからできた品種なんだそうです。そこにトルコ館ってあって、せっかくだからと思ってトルココーヒーを頼んだときに、粉ごと入っていますよね、ちょっと飲み慣れないというか……。

標　でもコーヒーっていうのはあれが一番最初だったんです、トルココーヒーってのが。

酒井　ああ、そうですか。

標　そのトルコの全盛時代、オスマントルコ、その頃のトルコって凄い力がありまして、それこそヨーロッパは野蛮な時代だったわけです。トルココーヒーっていうのがまずコーヒーの原点であって、粉ごと煮出して飲むわけですね、で、それだってトルコ行って美術館なんか見に行きますと、もうまったくいいコーヒーカップを使って、まあ日本の杯みたいな、取っ手がついてないんですけれども、あれをこうちびりちびり飲んで味わってて、さぞかしその頃のこのカップの中に入れるトルココーヒーはすばらしいコーヒーだったんだろうと、そう思いますけども。そのコーヒーがヨーロッパへ渡りまして……最初からああいう漉すコーヒーじゃなかったんですよね。やっぱりトルココーヒーが約百年続いてるんですよ。

酒井　コレクションの中にコーヒー潰しっていう――木の立派な彫刻の――あれで潰すわけですね。

『苦味礼讃』と「もか」のマッチ

標　そうです、潰して……。だからコーヒー挽くなんていうのは新しいやり方なんですよ。

コーヒー一杯くれっていうと今五分で出てきますよね、それが一時間かかるんですよ。豆をそっから煎り始めて、そして今度は潰して、そしてお客様に出してくださるわけですから。そういう点では、たいへん、私たちの一時間と彼たちの一時間てのは違うわけですね。

私なんか、たとえばイエメンなんかに行って老人たちがぶらぁっと道端で暇そうに座っているわけですよ、で写真撮っていいかって聞くとダメだっていわれる。写真に命取られるから。今だってまだそういう時代なんですよ。新しい町は違うでしょうけれども。そんなときにお年を

コーヒー潰し

取っ手のないトルコのコーヒーカップ

聞くわけですよ、いくつぐらいですか、って。私はこの人だったら百いくつだろうなぁってそう思ってると、私より年下なんですよ。それで私が年をいうと信じられないっていうから、パスポート見せてやると全員、村中の人が集まってくるってぐらいなんですよ。髭はやしちゃって、目は皺くちゃだらけで。そのぐらいの古い時代から彼たちはコーヒーを飲んでいるんで、彼たちはほかの文化を受け入れない。そういうコーヒーが最高だと思っているわけですよ。私がコーヒーを淹れて彼たちに出しても水っぽくて飲めないんですね。ですからそれだけの伝統的なコーヒーがヨーロッパに移って、約百年ぐらいあったと思うんですね。たとえばベートーベンなんていうのはそういうコーヒーを飲んでいたんですよね。

名曲喫茶なんてありますよね。コーヒーは名曲に合わないんですよ、トルココーヒーは合うかもしれないですけども。ベートーベンやなんかはあのコーヒーを飲みながら作曲したわけですよね。

ヨーロッパもだんだん力が出てきてるうちに女性たちもコーヒーを飲みたいって時代も来るわけですよね。

酒井　昔は女性は飲ませてもらえなかったんですか。

標　そういうことです。なぜ飲まないかっていうと、ざらざら粉がつくでしょ、そしてやっぱり女性は喫茶店やカフェみたいなところには入りにくいじゃないですか、ですから女性は家庭で飲むわけですよ、そうするとあんなざらざらしたコーヒーだから飲みにくい、それが一八〇〇年にドゥ・ベロイって方が、コーヒーを漉すというコットンを作りまして、今我々が絶えず飲む漉すコーヒーになって、味もどちらかというとどろくさいところからまろやかになったっていうことで、女性も増えて次から次へ外国に伝わってったんですけどね。

酒井　英国のポットなんかも、展示してるものはすごくエレガントなポットですよね。

標　ええ、当時の英国っていったらそれこそ貴族の社会ですからね、コーヒーだってカップを自分とこで作らせて、お客様にオレはこういう生活をしてるんだよという、見栄のためのカップであって。私が見ると、この中にコーヒー入れてもひとつもおいしくないなってカップが多いですね。

コーヒーカップ悲話

酒井　いまカップのお話が出ましたけど、標さんのところでいろいろ勉強なさってコフィアでは当地ではちょっと珍しいような素敵なカップで出してくださるんで、皆さんもきっとお楽しみだと思うんですけど、やっぱりあれも文化ですよね、コーヒーに合ったカップ、紅茶に合ったカップっていうものはどんどん生まれてきたわけですよね。

標　きょうは皆さん下で飲んでいただきましたけども、私はこういう会へ出てきたとき、

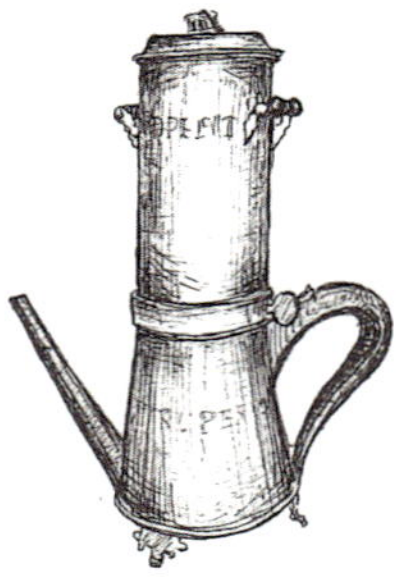

ドゥ・ベロイのドリップポット

時々デパートの友の会だとかああいうとこ行ってコーヒーを作るんですよね。そこでコーヒーを皆さんにお出ししますと……ただそれだけじゃ私おもしろくないもんですから「皆さん家庭にあるコーヒーカップを持ってきてください、それに係りの者が注ぎますから」って。すると多いときはすごく人が集まるんです。で、皆さん自分のコーヒーカップで飲みながら私と話をするわけですよ。

それでコーヒーはだめだなぁって思うのは、一番多いのは寿司屋からもらった湯呑み茶碗ありますよね、ははは、あれを持ってくるんですよ。そうすっとね、お手伝いして注いでる女の子たちがね、「悔しいから少ししか入れてやらなかった」ってんで、よく笑いますけどね、まだそういう状態なんですよ。

百人集まって二人か三人、きちんとしたコーヒーカップを……マイカップってんですか、持ってきてくれますね。ま、今の話じゃないですよ、もうちょっと前の話です。それがだんだん話をしてくると、だからそういうところでいま皆さんがコーヒーにどの程度興味を持ってくださるか、湯呑み茶碗を持ってきた人はそれこそ私のコーヒーをそんな程度に見てるんだって僻みましてね、ああ、まだコーヒーってのはこんな段階なんだなっていうことを勉強しながらやってきましたけど。

ただお店ではやっぱりお客さんの模範としなくちゃいけない、そしてどういうカップにどういうコーヒーを入れたらいいかなんていうのは、まだ皆さんほとんどわからないと思うんですよね。ですから私はそれを外国に行って買い求めたり、ともかくちょっとでもお金が残ると全部コーヒーに戻しちゃいましたからね、コーヒーにお金を使っちゃいましたから。コフィアの門脇君なんかはうちの従業員の中ではいちばん動いてくれる子なんですよ、神経使って。そのかわり、一客一万円ってカップをだいたい一週間に一個は割ってましたよ。あっはっはっは。

でもまだそれはいいんです。時々お客さんがガチャッとやっちゃうときがあるんですよ。それを使った私たちのほうが悪いんだからかまわないよ、とは思うものの、帰りがけにお客様が、「ごめんなさいね」っていうから、従業員は「結構ですよ」っていうわけですよ、私がそういうふうにいいなさいっていいますから。「でも気が済まないから」って五百円一個置いてくんですよ。そうすると「お、あのカップ五百円だって思わ

「もか」店内

「コフィア」店内

れてんだな」ってことで、逆にね、さびしいなって気持ちになりましたけれどね。

ですからそういう段階ですね。きょうも皆さんがコーヒー飲んでたのを陰でこっそり見てましたんで後でご注意したいと思いますけれども……。少しでもおいしく皆さんに飲んでいただきたいと思います。

それもひとつは、北大路魯山人さんって方がいらっしゃいますよね、あの方といっしょに動いていた方で、名前をいえばよくわかると思うんですが、その方もうちのお客様だったんです。その方がようく私に話をしてくれたのは、器も大事にしなければコーヒーが死んじゃうよって。そういう話もよくしてくれて、いいコーヒーにはお洒落さしてやらなけりゃって、そういうことをいわれたりしましてね、そういうことを聞いてたもんですから、少しずつ少しずつためてね、いいカップを使うように、今もしてますけどね。門脇君のお店も、いいカップを使ってますから……。

酒井　門脇さんいまは割らないと思いますよ、大事にしてらっしゃるでしょうから。

標　そうでしょうね、自分の店ですからね。あっはっは。

（会場　笑）

特別なお客様にもいつものコーヒー

酒井　いまお客様の話がでましたけども、土門拳さんも時々おいでになってたそうですね。

標　ええ。私のこんな話より、お店のお客様の名簿をずらずらっと配って話を終わりにしたほうがどれほど皆さんが「へえっ」と思ってくれるかわからないぐらい。土門先生もいらしてくださって、最後の方は手押し車で来ていただいて、お弟子さんたちに囲まれながらコーヒーを召し上がってくれたのを今でも覚えてますけども。

ただ、そういう先生たちっていうのは、妙にご挨拶したりすると嫌がるんですよね。コーヒーを飲みに来たんであって、別にお前におべっかいいにきてるんじゃないからっていうもんですから。いろん

な方がお見えになりましたけど、私たちは絶えず他の皆さんたちと同じように扱わさしていただいて、コーヒーを飲んでいただきましたけれども、それをほんとに私はコーヒーの魅力だと思うんですよ。

例えば、お酒の場合ですと、ちょっと高貴な方だとか、大事なお客様がお見えになったら、やっぱりワイン一本買いに行くにしてもものすごく神経使うと思うんですよ、一万円のにしようか、三万円のにしようか、グラスは何にしようかとか。コーヒーっていうのはいいコーヒーさえ出してあげれば、堂々と出してあげられるんですよね。特別なコーヒーってないんですよ。あの特別なお客様が来るから特別なコーヒー淹れようってっても、特別なコーヒーってないんですよ。ですから皆さんが飲んだコーヒーをどうぞって出すしかないんですね、それがコーヒーの魅力だと思うんですよ。

酒井　お宅のお店の奥で一所懸命焙煎して、偉い方でも普通の方でも、どなたでも同じものを味わわせていただけたということですよね。

標　そうですね。若い従業員はぜひサインしてもらいたいとかいったけどね、そういうことは一切許さなかったですね。

酒井　私もこのあいだ「もか」のお店を見たくて伺いまして、吉祥寺というのは私が住んでた頃にはそんなに繁華なところではなかったんですけど、今は雑然とした繁華街なんですけど、そこからちょっと抜けて井の頭公園のほうに降りて行くと、ちょっと坂のあるところに木彫の看板がかかったすごくシックなお店で――。あの通りが、「もか」が一軒あることでヨーロッパみたいな雰囲気になってる。お店って大事だなぁって思いながら伺ってお目にかかったわけですけれど、街を作りますよね、お店というものは。

標　そうですね。やっぱり一軒だけではどうしようもないですね。何軒かが集まって雰囲気っていうのは作らないとよくないですね。

吉祥寺「もか」のこと

酒井　でもあの通りは「もか」でいい雰囲気ができてますよね。

標　今だから話しますけど、あの通りは住宅街で、商売やってはいけないとこなんですよ、井の頭公園の中だから。あすこの一角を私が借りまして、許可を得まして――あの頃は「もか」ってのはどういう店かってのがわかったんで

昭和37年、開店当初の「モカ」

市もそういう商売やっていいってことで、やらせていただいたんですけど。あの当時、私いろんな違ったコーヒー屋さんを七軒ぐらいやろうと思ったんですよ。

酒井　ご自身で。

標　ええ。コロンビアだとか、ブラジルだとかトルコだとか、そういう雰囲気の。ところがね、私も若かったせいもあるんでしょうけども、それと、その頃になるとコーヒーの記事って言うとだいたいウチが載っちゃうんですよ。それとテレビでも、私はコーヒーになると夢中になっちゃってよくそういうの利用させていただいて――コーヒーを少しでもわかっていただこうというんで――けっこう有名になっちゃったんですよ。そうすっと有名になると古くから住んでる人はおもしろくないんですよ。最初は貸すっていうようなことを言ってたんですけどね、ダメだっていわれましてね、結局残念ながら一軒しかないんです。

酒井　ステキな一軒ですもんね。

標　若い方たちはコーヒーがなくても生きていかれるわけですし、もっと他に飲み物がいっぱいあるんで、なかなかこれから将来性のある若い人たちはコーヒーってのはあまり……缶コーヒーで済ましちゃってるみたいですね。たまにね、大学でコーヒーの話してくれなんていわれて、そこの先生にどうしてもなんて頼まれると出かけていったんですけども――ですから最後の質問コーナーで「なんかありますか」なんて聞くと、「標さん、四十年もやってお店一軒しかないんですか」、「もうそういう時代になっちゃってますんでね。

酒井　切ないですね。

標　そうですね。私はその商いで一軒やってきたってことだけで私はものすごくプライド持ってんのにね、なんだ四十年もやってて一軒しか

ないんですか、っていわれちゃうとね、ガクッとしちゃうんですけどね。(笑)

酒井　たまたまそういう学生がいたってことで、きっとそうじゃない人もいっぱいいたと思うので……。

標　私だって学生の時代にはそういう頭の持ち主だったんですから、まあしょうがねぇだろうと、そう思ってますけどね。

酒井　私だって五十過ぎて初めておいしいコーヒーに出会ったわけですから、きっとその人たちもいつか出会うんだろうなと思いますね。

標　そうですね。飲み物でも人でもそうですけども、出会いってやっぱり大事ですよね。

これでいいんだって思う瞬間、あと一歩

標　その出会いがわかるようにするには、どっこいしょってしちゃったら——コーヒー屋のオヤジが偉そうなこといっちゃいけないんですけども——これでいいんだって思ったら、もう終わりですね。私の従業員たちによくいう言葉は、「よしこれで満足だ、これでいいんだって思う瞬間、その時にオレはあと一歩」って。そういうふうにしてやってきました。そうじゃなかったらコーヒー四十年、豆ガラガラガラガラ煎って、飽きちゃいますよ、ええ。

　ですから、出会いを大事に、それをするには、やっぱりアンテナを絶えず張ってないと。悪いこともいいことも……ミスしたりすればそれは経験になりますものね。ですからコーヒーは二十代三十代の人にこれが旨いかまずいかっていって出しても、それをおいしく感じる人もいるだろうけども、最初はやっぱり苦いと思うだろうし、なんでこれが旨いんだろうって思うんでしょうけど、それを少しずつ少しずつ飲んでいるうちに、いろんな経験を踏んだ上で、このコーヒーがすごくおいしく感じる瞬間ってのがあると思うんですよ。そうすっとある程度のレベルができますから、これ以上のコーヒーだとおいしいけどこれ以下のはまずいな、と。まずいコーヒーは誰でもよくわかるんですけど、旨いコーヒーってのはなかなかわからないんですよ。

酒井　個人の好みがありますよね、コーヒーを注文するのもみんな違うわけですし。

標　そうです。ですから豆を買うにしても飲むにしても、すぐあきらめちゃうんですね、これおいしくない、イコール、コーヒーおいしくない、って。コーヒーって幅が広いです

コーヒーの実

からいろんな豆があるわけですよ。お米だってそうでしょ、秋田のお米がいいとか、山形のお米がいいとか。

酒井　庄内米はおいしいです。

標　そうですか、ははは。

こんなちっぽけな国でさえ、日本人はお米に関してはうるさいじゃないですか。それがコーヒーに関しては、ブラジルは日本の二十五倍ある国でしょ、それをブラジル一回飲んだだけでコーヒーはおいしくないってやるんじゃ、コーヒーもちょっとかわいそうな気がするんですよね。

ルーツを訪ねる旅

酒井　コーヒーのルーツってすごく深いわけですよね。十六世紀ごろにはもうみんな飲んでいたわけですから……。そのルーツを訪ねる旅も何度も重ねていらっしゃるんですね。

標　ヨーロッパの旅はある程度終わりましてね、そんなことばかりやってたらお店が潰れちゃいますので、これでもう旅はいいだろうということでしばらく経ったんですけども、どうせここまでコーヒーをやったならば、コーヒーのルーツに行って、それとコーヒーの農園を見ようと。日本に入ってくる豆を見て、気に入るものも気に入らないものも——。

日本って直接自分じゃ輸入できないんですよ。私が現地に行って、この豆がほしいから、取り寄せたいからっていっても、輸入会社が入らなければできないんですよ。外国はそうじゃないんですよ。お店のご主人が買い付けに行って、その豆を買うんですよ。日本はどうしてもワンクッションありますね。

酒井　コーヒーの袋にしめぎモカって印刷されていますが、あれはどこかを通じて入ってくるんですか。

標　じゃあ、エチオピアの話していいですか。

いろんな国行っていろんなコーヒーの豆を見てきたんですけども、エチオピアのモカっていうコーヒーがあるんですけども。

私、長年商売したけども、いろんな輸入会社のエチオピアのモカっていう豆のサンプルをたくさんいただいたんだけど、煎る気にならないんです。あまりにも豆が……その、豆見ただけでもだいたいこの頃わかるんですね。この豆を煎ったって無駄な、お客さんが喜んでくれる豆じゃないなって。

それがもう何年間続いたんですけども、やっぱりコーヒーの生まれた国っていう

のはエチオピアなんですよ。エチオピアで生まれてイエメンのモカって港へ着いて、モカの港から世界にコーヒーの豆が行ったというわけで。イエメンってのはその前にモカに行ってきましたので、生まれ故郷のエチオピアのコーヒーを自分で探して見てきたらどうだろうと、そう思いまして行ったんですけど、気に入った豆がぜんぜん日本にはない、それで使わなかったんですね。で、私も余計なことといわなきゃいいんですけど、いろんな人にいうものですから、それが直接エチオピアのコーヒーの農園の方の耳に入ったらしいんですよ。で、ある日、エチオピアの人がこれから行くからっていうんです。私は何しに来るんだろうなってそう思って……。

酒井　お店までですか。

標　ええ、お店まで。

ちょっとイエメンの話し

標　うちはね、おもしろいんですよ。先ほどイエメンの話しましたよね。イエメンってのは、私がたいへん苦労して行った国なんですけども。今は少しずつ行かれるらしいですけども、当時はほんとにたいへんな思いをしましたけど。

　イエメンで大統領に飲ませるコーヒーの豆を売ってる店があると。どこ探してもおいしいコーヒーがなくて、喫茶店も一軒もない、コーヒーを飲ませるところが。コーヒーの豆を売ってるところがあるっていうんで、じゃあってことでそこへ行ったんですけど、女性の方たちがずらっと間口二間くらいのところに並んで、主婦が豆を買ってるんですよ。で、皆さん顔を隠してますでしょ、それを写真に撮りたいと思ってもなかなかチャンスがないんですよ、女性を撮るとたいへんな問題になるから。どうしようかなぁと思って豆だけ注文したら、そこにいたおじいちゃんが上から豆を取ってくださった、それを瞬間的にパッと写真を取っちゃったの。そして東京へ帰ってきてその豆を見たり、写真ができたね、なんて見てて、ああだめ

「もか」のパンフレットとメニュー

だよやっぱり、おじいちゃんしか写真撮れてないよって……。そしたらある日イエメンの方がお見えになって、イエメンの豆を買ってくれないかって。私がイエメン行って一週間も経ってないときですよ。だから私、イエメンに行ってきたんだよっていったら、向こうも信じられないんですよ。そうだそうだ、イエメンの写真がちょうどあるから、って見せたら、これオレのオヤジだ、私はこの下にいて一所懸命主婦に豆を売ってたんだ、写ってないけど、って。

酒井　すごいですね、運命的な……。

標　そうなんです。コーヒーってそういう出会いがあるんですよ。

イエメンの話しはちょっと外して……。

コーヒーの故郷 エチオピアへ

標　それでエチオピアの人が訪ねてきて、いろいろ通訳の方が説明してくれたけども、信用しなかったんですね。そしたら帰りがけに、「ミスターシメギ、エチオピアに一度来いやといってますよ」って通訳の方がいってくれて。

うちまで来てくれた方だから一度行ってみようかと思ったんですけど、当時テレビで見るエチオピアのニュースってのは飢餓のときで。子どもが痩せこけて、もう骨だらけで。日本人が助けに行って、カメラマンがポケットにちょっと食べ物があったからそれを子どもに与えたら、親がパッと取っちゃって食べちゃった。それですごく怒ったら「この子どもはあと一時間で死ぬんだよ、だったらまだもう少し生きてるオレが食べるんだ」って。写真家の方たちもずいぶんうちにいらっしゃったんで、そんなニュースも流れてたから、さすがに

私も、こんな時にコーヒーの勉強来ましたってエチオピアに行っちゃ申し訳ないと、そう思ってたんですよ。そしてずっと行かなかったんですけども、ある日テレビで、NHKさんだったと思いますけれども、エチオピアの飢餓があって、もうあげるものがない、それで、彼たちはコーヒーをよく飲むんでね、コーヒーが配給された、っていうニュースをサッとやったんですよ。その時に、痩せ細った手でこう出した時に、コーヒーの豆を二つかみずつ差しあげた、それが一秒か二秒アップに出たんですよ。見た途端に、それがすごくいい豆なんですよ。それですぐ旅行会社に電話してエチオピアに行った次第でしたけどね。

その当時エチオピアに直接行かれる状態じゃなかったんで、スーダンっていう国に入ってそれから行かなくちゃいけないんですけども。

スーダンもその時は飢餓で、飛行場にも何もなくて、それこそ飛行機も何人集まらなきゃ飛ばないよっていう状態で、たいへんお腹は空いてるし、不安だし、いつクーデターが起きるかわからないし、そんな状態の中で、ある方が、三階でコーヒー飲ましてるっていうんですよ。スーダンも、「幻のコーヒー」って昔いわれるいい豆を出してたんです。コーヒーっていったらもう目がなかったものですから――私もまあ、こうやってお客様にコーヒーを出す人間として、病気になって帰ってきちゃったら申し訳ないわけでしょ、お客様待ってるわけですから。だから外国行っても必ず食べ物には気をつけてる、でもその時はコーヒーってことで、わけもわからず飛んでって、一番最初にコーヒー飲んじゃったんですよね。その時になんでもなかったんですけど、もう一杯飲もうかなと思ってふっと見たとき、泥水の中でカップを洗ってるんですよ、で、コーヒーを見たらみんな黴《かび》てるんですよ。あれを飲んじゃったって思ったあたりでもうお腹壊しましてね、やっと飛行機に乗ったんですけど、もうその時からどうしようもなくて。

エチオピアのコーヒー農園のこと

標

エチオピアに着いて、飛行場で、たいへん汚い話で申し訳ないけど、トイレに入ってましたら私の名前を呼ぶ人がいるんですよ。なんで私の名前こんなところで呼ばれるんだろう、たしか標っていっ

たよね、オレ、エチオピアじゃ知り合いいないよって思いながら出てって遠くの方見たら、ウチへきたその農園の社長さんが、スーダンで飛行機を待って、エチオピアに着くのに六時間も遅れたのに待っててくれたんですよ。

　それでもう、このご主人のコーヒーなら間違いないだろうと、そう思いまして、それから農園に連れて行ってもらいましたけど、結局あまりいいのがなくて。

　明日日本へ帰るっていう日に、工場へ連れて行ってくださったんですね。そこには民族衣装着た若い女の子たちが三百人くらいですか、いまして、コーヒーの豆粒を一粒一粒拾ってるんですよ。その社長さんが、いい豆を日本に送りたい、外国に送りたいって、厳しかったから。ところが、皆さん想像してもらうといいでしょうけども、あれを一粒一粒拾うの、たいへんなんですよね。米粒を、明日の分だけでもいいからっつって一粒一粒拾って、いやになっちゃいますよ、それが毎日だったら。彼女たちはそれを毎日やるわけですから、おもしろくないわけですね、だから時たま大きな声で歌を歌ったりね、そういうことやってるわけですよ。

　その時に思ったのは、うちにいた従業員たちは全員それやってるんですよ。

酒井　煎る前に?

標　煎る前に。明日のコーヒーを煎る前に、全部一粒ずつ拾って、ごみを拾って、今度は篩《ふる》って、埃を捨てて、そして明日煎ります、と。それをやってるコーヒー屋なんて少ないでしょうね。まずね、一週間で手が痺れてきます。私は今でもあいかわらず両手痺れてますけどね。

酒井　普通はね、煎った豆を買ってきてただ淹れてくれてる、ミルで挽いてはくれても豆自体は……。

標　あとはサイフォンでやるか何かでやるか、道具で違います。それは二割の味です。

酒井　おいしいわけですねぇ。

標　もうそれだけはね、うちの男の子たちも一週間やると飽きますね、いやになってきます。だから交代でやりますけどもね。でもいまだにそれをやってます。でも若い子たちはそれがいま勉強になっていると思うんですよ。毎日拾ってるうちに、豆がどういう豆か、それと、この豆とこの豆は南と北とですごく離れてるけど似てるな、そうするとどんな煎り方したらいいかなとか。ですから例えば今私の取ってる豆を、若い子たちがみんな、「もか」さんと同じ豆をっていって使ってくれてるんですよ。彼たちの豆も私のと似てるんですよ。

酒井　見れば（市販のものとの）違いは歴然と？

標　そうなんです。

褒めて、伝えて

（コーヒーが運ばれて）

酒井　ありがとうございます。門脇さん、緊張してますね。

門脇　いや、いつもの通りです。緊張はしてないです。

（会場　笑）

酒井　門脇さんはじめ、きょうお手伝いに見えた、各場所、富山とか新潟でやってる方もそうでしょうけど、私たちはただ、わぁおいしい、とかいってコーヒーをいただくわけですが、この一杯を出すためにたいへんなご苦労があるわけですよね。

標　そうですね。なんの仕事だって見えない裏の部分ってのはもうたいへんで、皆さん辛い思いをなさってるでしょうけども、自家焙煎でいいコーヒーを作ってこうっていう場合、皆さん、奥様とご一緒にやってるとか、従業員を置いても一人でやってるとか、スタッフを十人も二十人も集めてやってるわけじゃないんですよ。ですからそれだけね、ある意味においては家族を犠牲にしたりなんかして、それでもいいコーヒーを作りたいってみんながんばってるんですね。そこのところをただ飲んで、「あ、おいしくない」ってひと言で片付けちゃうというのはね。私は若い時に人生経験豊富な方たちに、ブタも褒めりゃ木に登ると同じで、褒められてがんばって来れたと思うんで、ちょうど私がその方たちの年齢になったと思うんですね。ですから若い子たちにね、褒めて、伝えて、それで裏にはこんなことがあるんだよっていう話をちょっとさせていただければね、幸いだと思うんですけれども。

道具は手軽でもいい

酒井　きょうみたいな、コーヒーのお話を伺う機会というのはほんとうに少なかったと思うんですね。お紅茶に関してはわりに日本人はよく学んでる方もいるんですけど。コーヒーの豆をエチオピアの農園で見られて、それがちゃんとルートを通って標さんのところに届けられて、一粒一粒選んで焙煎して、そしてネルドリップでというのは……。

いつもコフィアでじいっと見てるんですが、やっぱり

「もか」店内

奥山儀八郎著

ひじょうに丁寧に、コーヒーを愛してるという感じで淹れてますよね。その淹れ方を考案なさったというか、ネルドリップを専門にやってらっしゃるわけですけど、それがこういう漉すコーヒーのいちばんおいしい出し方だと思ってらっしゃいますか。

標　コーヒーにはいろんな道具がありますよね、サイフォンだとかエスプレッソとか。まあ、エスプレッソはちょっと別なコーヒーですけども、だいたい、ネルのコーヒーに一歩近づけた味を出そうということで、いろんな機械が作られたんですよ、コーヒーメーカーにしても何にしても。だったら最初からネルでやりゃあいいんだけど、昔の先輩たちがネルはプロしかできないっていうようなことをいったものですから、それに皆さん恐れをなしちゃった。ネルは簡単にできるわけですからネルでおやりになればいいんですよ。そんなに難しいことはないと思いますけども……。先ほどの材料さえ手にしてくれて、あとは自分の口に合ったコーヒーを探すということですね。

酒井　ほとんど紙のフィルターで淹れてますよね。

標　あれでいいですよ。いまウチのお客様たちも八割はそうなっています。ネルってのは手入れがちょっと面倒くさいんですよ。

酒井　常に水に漬けておいたりとか。

標　そしてどの程度でそれを取り替えたらいいかとか、そういうことがありますんでね。昔は紙が紙臭くてよくなかったですけど、いまはだいぶ進歩してますからね。私がいま一番感じることは、紙のフィルターのおかげですごくコーヒー人口が増えたということですね。

酒井　手軽になったと。

標　そして皆さんがポイって捨ててまたやる。あれもある意味においては捨ててるところがあるんでネルをやりなさいって私はいうんですけれども、朝からネルでこんなことやったらご主人遅刻しちゃいますよね。ですから紙でいいと思います。それとインスタントコーヒーはいろんな方に聞くと最初の頃よりもずっと進歩しているそうですね。進歩してないのは業界のコーヒーだけだそうです。私四十年ずっと見てたけど、相変わらず変わってません。

酒井　豆を輸入する時点での?

標　いえ、豆を家庭に入れるというところで。
　例えばデパートで豆を売ってますでしょ、そういうところは四十年見てきても、四十年同じ考え方を持ってて変わってませんね。アメリカのコーヒーが流行するとアメリカのコーヒー。今はエスプレッソっていうコーヒーが地球上で八〇%なんですよ。紙で淹れる、ネルで淹れる、そういうふうにして大事にしていた人たちがいまもうエスプレッソで機械に任しちゃってる。エスプレッソにはエスプレッソ用の豆があるんだけど、それも関係なく買ってきた豆をエスプレッソに入れて。エスプレッソのコーヒーは心臓を突き刺すっていう諺を作った料理の専門家がいるんですけどね、それぐらいよくないと思うんですよ。

酒井　胃に応えるってことですか。

標　応えますね。

酒井　漉したコーヒーは胃にぜったい悪くないっておっしゃいますよね。

標　優しいと思いますね。ただし、新鮮なコーヒーです。三ヵ月、四ヵ月、半年経ったようなコーヒーは使わないでくださいよということです。
　それとあともうひとつ、コフィアさんに買いに行って、それをまた来る時間がないから一キロ買っちゃったと。それでいいんです。そしたら、帰ったら冷蔵庫じゃなくて冷凍庫に入れてください。皆さん冷蔵庫に入れちゃうんですよ。そうすっとコーヒーって、匂いを吸い込む力を持っているんです。冷蔵庫っていろんなもの入ってますでしょ、それをみんな吸っちゃうんですよ。ですから冷凍庫に入れて、明日の分がないなと思ったら冷凍庫から出して常温に戻して、そして淹れてくださればじゅうぶん使えると思います。

酒井　でもコフィアに買いに行ってね、なかなか来れないからっていうと、そんなにいっぱい買わないでくださいって少しずつしか売ってくれないんで……。

（会場　笑）

標　ええ、まぁ、そういうふうにして、使うだけのほうがいいんです。
　コーヒーはなるたけ豆で買っていただいて。それはなぜかっていうと、店で挽いてくださいっていうと、香りを半分店に置いていくことになっちゃうんですよ。豆だと家へ帰って挽いているうちにコーヒーの匂いがぜんぶそこに来てくれますから。
　それともうひとつ、コーヒーを飲むときに、皆さん、鼻でコーヒーの匂いを嗅ごうとして必ず鼻に持っていくんですけど、コーヒーは豆を挽く時

と淹れてる時がいい匂いで、もうカップを口元に持っていってもあまりいい匂いはしないんですよ。

遊びながら、好きなように飲んだらいい

酒井　このぐらいの熱さがちょうどいいんでしょうか、上唇を入れて熱くないぐらい。

標　このぐらいがいちばんいいですね。

酒井　わりあいに熱くいただいてましたのでね、いままで。冷めないうちにと思って。

標　きょうも皆さんが飲んでるのを、厭味かもしれませんけど、陰でそうっと見てましたんですけども、出されると皆さんすぐ口に持って行くでしょ、そうすっと必ずこのへん(口のあたり)火傷しちゃうんですよね。じゃあコーヒー飲むのにいちいち何度がいいんだっていって計ったりするのは……そりゃあ研究生がストップウォッチ持ったり、計ったりやるならば練習は必要かもしれないけど、家庭でいちいちこんなことやったら、おかしなもんで。

下の唇ってのはけっこう強いんですよ、熱さに。上唇ってすごく弱いんですよ。だからカップを手にする前に皆さんにやってほしいのは、そんなに短気を起こさないで、コーヒーを熱いうちに飲まなきゃいけないなんて思わないで、コーヒーをスプーンで掬って色を見てください。

酒井　透明ですね。

標　皆さんコーヒーって黒いもんだと思っているんですよ、黒いんじゃないんですよ、赤い色なんですよ。

酒井　ああ、そうですね。

標　そしてそれをね、ちょっとこぼすんですよ。そうすっとね、上手に淹れたコーヒーって、水玉がころころころって転がるんです。まずいコーヒーはダブーンちゅって落っこってそれで終わりなんですよ。

酒井　あ、転がってます。

標　転がってますよ、ころころころって。これがきれいなんですよ、すごいきれい。

酒井　じゃあ今度からぜひそうやって……。

標　そんなことしたり、まわりが先ほどいいましたように緑色じゃないか、琥珀色かって、見ましてね、遊んでるうちに飲み頃になるんですよ。そして飲んでいただくとちょうどいい温度になると思うんですけどね。

そして、皆さん見てるときょうはずいぶんブラックで飲んでらっしゃる方がいますけど、なんであんな無理するんだろう。お砂糖入れてクリーム入れて、まず飲んで

ください、自分の好きなように。日本人っていうのは、どうしてもこだわるっていうんですか、こだわるのは私たちプロに任してくれればいいわけで、飲み手の方はもう楽しくおいしく飲んでいただけばいいんですよ。

　私たちがクリームも砂糖も入れないのはなぜかっていうと、コーヒーの味を覚えなくちゃいけないんですよ。クリームと砂糖入れちゃうとみんなだいたい似ちゃう味になっちゃうんです。それと一日に何杯も飲みますでしょ、そのたびに砂糖入れてたら糖尿病になっちゃうんで。

酒井　慣れるとブラックがいちばんおいしいように思うんですよ。無理はしてないんです。

標　おいしいと思うんだったらそれはそれでかまわないんですけどね。

（会場　笑）

胃にも優しいのがいいコーヒー

酒井　でもちょっと疲れたときにはお砂糖をちょっと入れると元気が出ますね。

標　砂糖を入れる前にこのぐらいの温かさで飲んでいただくと、とろーっとした甘味を感じるんですよ、いいコーヒー、おいしいコーヒーは。そうすっとね、砂糖の力を借りなくていいんですよ。

　ところがコーヒーほど体に微妙なものはないんです。ストレスためたり忙しい思いしてコーヒーを飲むと味が変わるんですね。味が横向いちゃうんですよ、その人を見るんですよ、コーヒーが。ですからねぇ、コーヒーを飲むんだったらゆっくりした気持ちで砂糖入れて……日本の場合はグラニュー糖っていういいお砂糖がありま

すし、冷めても溶けますから。そしてクリームを入れて飲んでいただいて。まずそれが基本だと思うんですね。よくうちのあたりのお客さんは粋がってブラックだよなんてやってますけどね、無理はしないものですよ。(笑)

それと、飲んでハイ終わり、ああおいしかったじゃないんですよ。それからお金払って、電車に乗って、胃の調子がなんでもないのがいいコーヒー。ああ、おいしかったって思っても、電車に乗ったあたりで胃が重いなぁって感じるようならそれはおいしくないコーヒーです。

酒井　一杯いただいてね、もう一杯ほしいなぁといつも思うんですが、それはいいコーヒーなんですね。

標　それはいいコーヒー。コーヒーがまずければ「お注ぎしましょうか」っていっても、お客様は「いえいえいえ」っていうと思いますけども、いいコーヒーはもう一杯飲みたい、それが商売のコツなんですよ。それはなぜかっていうと、お客さんが一杯飲んで「ああ満足した」っていったらもう明日は来てくれないんですよ。もの足りない、もう一杯飲みたいな、でも懐加減があるから明日また来よう、と思うから、一歩足りないコーヒーをお客さんに出すんですよ、満足したコーヒー出しちゃいけないんですよ。

酒井　なるほどねえ。

標　ははははは。

やっぱり焙煎

酒井　四十年経った今でも毎日毎日まだまだっていう感じで作り続けてらっしゃるわけですよね、満足してないっていうか……。

標　いや、満足はしてますよ。満足はするけど、あと一歩っていうこと。

それとあとひとつ、きょうもわざわざお馴染みさんが来てくださっているのですが、何十年来てくださってるお客さん、そのお客さんたちを飽きさせないのには——例えばこれがエチオピアのコーヒーだとしますよね、同じエチオピアのコーヒーを何十年飲ませていたらぜったい飽きますよ。豆は変わりようがないんだからどこを変えたらいいかっていうと、このコーヒーをよりおいしくしなけりゃいけない。きょうはうまいなぁと思った瞬間、馴染みの顔が浮かぶわけですよ。あのお客さんはこのコーヒーをもう何年飲んでるなぁと。もうそろそろ飽きちゃいけないな。飽きるってこと自体は味に関してはもうマイナ

スなんですから。それでまた焙煎に入っていくわけです。
　そしてやってくうちにその「えーっ」って思う瞬間があるんですよ。それが若いうちだと一年に四回か五回あるんですよ、このごろになると三年に一回ぐらいなんですけどね。まあ、コフィアのご主人には、お前はまだ「えーっ」をコーヒーが教えてくれる、コーヒーのほうでお前に話しかけてくれる瞬間が二年に一回なきゃダメだぞって電話で時々いいますけど、「いやぁ、マスター、五年に一回にしてください」って彼はいってますけどね。それぐらいコーヒーっていうのは私に訴えかける瞬間ってのがあるんですよ。それがおもしろくて私もここまでやってこれたんだと思うんですよね、次に何がくるんだろうって。ですからもうこれでいいんだって思ったら私の負けだと思うんですよ。

酒井　ほんと、なんでもそうですね。目標に達してしまったと思ったら、感激が薄くなりますよね。

港町モカの浜辺に コーヒーを 還してきた話し

酒井　私、このお話をお聞きする役をお引き受けしてからいろんな資料を読ませていただいたなかで、ひじょうに感激したことは、あれはイエメンですか、先ほどのご自分の神様として目標にしている方からいただいたお豆をずっと大事に持っていて、その豆と、それで淹れたコーヒーを砂漠に還してきたっていうお話があって、すごく感激したんですけど、そのお話を最後にさせていただきたいんですが。

標　私はだいたい第一志望が映画監督だったものですからね、コーヒー屋なんてやるつもりがなくて、自分で想像しましてね。
　そのコーヒーの神様から豆を送っていただいて、それをサンプルとして、朝起きるとまず枕元でそのコーヒー豆を見せていただいて。イエメン行ったのがいつだか忘れましたけど、もうずいぶん前になりますけども、毎朝それをやってきたわけですよ。それと先ほどいいました井上誠っていう先生が初めて出した『珈琲』っていう本。当時はコーヒーの本なんて出したって売れるわけないんですよ、でも先生は縁があってその『珈琲』って本をお書きになった。その本が初めて出版されて第一号が先生の元に辿り着いたとき、その本

を抱きしめて布団の中で泣いたそうです。それほど嬉しかったんでしょうね。それを、いまもう本屋では売ってませんので、古本屋へ行って探してその本を買ってきて先生にサインしてもらった。いま、先生はコーヒーの大先生になってますけれども、その『珈琲』って本を出したとき、誰もまだコーヒーなんてのは相手にしなかったし、またそのコーヒーの神様にしても、ほんとにその先生のコーヒーをおいしいおいしいっていってもらって先生がお金儲けできたり、今の時代みたいに人前でこうやって話をさしてもらったり、こんな時代じゃなかったわけです。コーヒーなんていうとどちらかというとばかにされていたような時代だったわけです。その先生のことから比べたら、私はずっといいわけですよ、外国にも行かれたんですから。

コーヒーの神様とはそんな話をしたことはないんですけれども、コーヒーの神様も井上誠先生もモカの港には立ちたかっただろうなぁってそう思っていたんです。

　で、毎朝毎朝その豆を見て、そうするとだんだん暗くなるんですよね、いい年して毎朝起きて豆見るわけですから。そろそろ私も一本立ちしなくちゃいけないな、そしてこの豆をもう見なくてもいいようにしなくちゃなんない。それでイエメン行ってモカっていう豆を煎って、「もか」のオヤジがモカの港でコーヒー淹れて砂浜で飲んだらどんな気分だろうと……これは私しかできねぇだろうとも思いましてね。

酒井　映画で回したかったですねぇ。

標　ええ。

　一緒にツアーでいらっしゃった方が、十五人ぐらいいらっしゃったんですよ、大学の先生ですとか小説家の先生たちが。町の中にいただけでも四〇度の温度だった、それで皆さん砂浜まで出て行くのは暑くていやだっていうんで、私とワイフだけ二人でその砂浜の海のところまで行って。コーヒーを二人で飲んで、それで豆とコーヒーの半分を砂に埋めたら、さぞかし先生たち、嬉しかっただろうと——。それでふらふらしながら戻ってきたら、他の皆さんが「ここで四〇度なんだからあの砂浜は五〇度だ、あんたたちあそこで何やってたんだ」って。私は他の方と一緒に旅行に行ってもコーヒー屋だっていうことは絶対話さない

「もか」のマスターがイエメンのモカの港でモカを淹れて供す

んですよ。そういうと、皆さんコーヒー飲むときに意識するでしょ、だから絶対いわないんですよ、それでいながらずっとコーヒーの飲み方見してもらって勉強さしてもらうんですけどね。
　そんなわけで、その時にそれをやって一応区切りにしようということで。やっぱり何かの折にその先生たち二人は、私は絶えず思い出として残って。その二人の先生がいなかったらほんとにいま「もか」って店はなかったなぁと思っております。

酒井　標さんのお人柄が滲み出るお話でほんとに感動した場面でございました。

しめぎモカ誕生

標　先ほどのエチオピアですけれど、娘さんたちが豆を一粒一粒拾っていましたよね。これは日本へ来るのかって聞いたら、うん日本に行くよっていったけど、豆見てもあまりいい豆じゃなかった。ところが工場を案内してくれたときに一番隅の方に十袋くらい豆が置いてあったんですよ、麻袋で。それをフッと見たら、「えーっ!」って、こりゃあすごい豆だということで……。それで案内してくれた人にちょっと社長室へ連れてってくれって頼んで、その豆はどういう豆だって聞いたんです。すると、これは小さな畑で少ししか作れないんで輸出に回せないんだよ、っていわれましてね。私、これを送ってよっていったんです。そしたら社長さんが、ああ、君んとこのお店で使うぐらいだったら送ってあげるよっていってくださって、そして送ってもらう約束して、日本へ帰ってきて――。ほら、個人じゃだめだから、私がお世話になっている輸入会社へお電話して、じつはこれこれこうだからと話すと、長いお付き合いして私の我儘を聞いてくれる輸入会社さんでしたから、これを取り寄せてくれて。
　それで港に着いたら、港に引き取りに行った方からすぐ「標さん驚いたよ」って電話があったんです。「どうしたの」って聞いたら、「しめぎモカっていう、あなたの名前がついた豆が届いたよ」って。それが私のお店に届いた時に、やっぱりしめぎモカって書いてありますよね、どういうことかなって思ったら、農園の方がうちへ来たときに、私どものマッチを持っていったらしいんですね、「もか」という。それと名刺をもらったんで、その名前をつけてくれたそうなんです。ものすごく

廃墟となったモカの港

感激しましてね。

エチオピアとスーダンの旅は本当に死ぬ思いをしまして、もう旅はやめようと思って帰ってきたんだけれども、そういう、いい思い出ができましてね。

それをコフィアの門脇君なり一所懸命やってる方たちが、ぼくたちんところにも回してくれよということで……。彼たちはすごく純粋だからしめぎモカって売ってくださってるけど、さすがに私のお店でしめぎモカってのは売りにくいんで、ちょっと名前を変えて売ってますけどね。

最高に嬉しかったのは、しめぎモカを天皇皇后両陛下に飲んでいただいたこと

標　もうひとつ、最高に嬉しかったことは、もうそれだけで私は十分満足してるのに、こちらの亀やホテルの専務さん、コフィアの門脇さんのおかげで天皇皇后両陛下にこのしめぎモカのコーヒーを飲んでもらったという……これはもう私は涙がでるほど嬉しかったですよ。

酒井　すばらしいですねえ、おめでとうございます。

標　この後すぐエチオピアの農園の方に電話して、こういうことだったという話をしましたけどね。だから九分九厘辛い旅だったんですけど、最後にご馳走が残ってましてね、ほんとに専務さんと門脇君のおかげだと感謝しております。

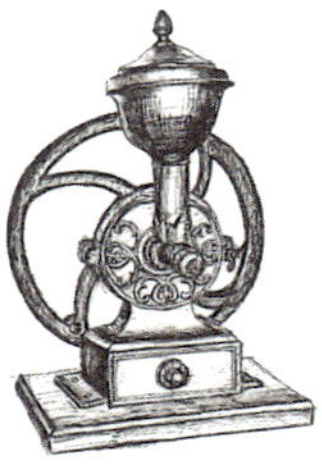

酒井　お朝食後にお部屋で新聞をご覧になりながらそのコーヒーを召し上がったっていうふうに伺ってますけど、嬉しいですね。

標　ええ、これで満足してます。しめぎモカも嬉しかったと思いますけどね。

酒井　もっともっとお話伺いたいんですが、三時半というお時間になりました。皆様も何よりもコーヒーを味わっていただけば、いま標さんがお話しになったようなことがぜんぶコーヒーの中に入っていると思います。そういう思いを込めて作られたものをいただけるというのは私たち幸せだなと思ってますし、これからもますますお元気で。

標　いやぁ、そろそろ先見えてんですよ（笑）

酒井　でも門脇さんたちにとってはコーヒーの神様ですから、いていただかなくてはいけ

湯野浜温泉 亀や 特別室

ません、ほんとに。

標　今までね、海の中の鮪のように突っ走って――止まったら鮪は死んじゃいますよね――そのように突っ走ってたんですよ。それをだんだん自分の体のことも考えて、それとコーヒーはまだ時間がかかるなということで、まぁ門脇君たちの相談相手になるためにはやめてはいけないということで、鮪のように突っ走った二十世紀でしたけど、二十一世紀は鯨のように、たまに海に浮いて潮吹いてまた潜ったりして、ゆったりとしたことをしながら皆さんにコーヒーの話を続けられたらいいなと思います。

酒井　ぜひお願いいたします。私、さっきから奥様はどこかにいらっしゃるのかなと一所懸命探していたんですけどね……あのね、すごくステキな奥様なんですよ。あの絵の下でじっと下を向いていらっしゃる。どの旅もいつも一緒にいらして、非常に舌の敏感な方で、味を利き分ける方で。いつもお二人でこれからもいろんな経験をなさりながら、そしてまた何周年かに鶴岡にお出でいただいて、お話を伺えることを期待しております。

標　ありがとうございます。皆さんきょうはもう疲れ果てちゃって、懲りたんじゃないかと思いますけども。

酒井　ぜひこれからもおいしいコーヒーを私たちに味わわせてください。まだちょっとお役がありまして、今のお話も含めていろんなことをお聞きしたい方がいらっしゃると思うのですが、ご質問を受けてよろしいでしょうか。

標　どうぞどうぞ。

しめぎモカがメニューに載るまで

酒井　どなたかおいでになりますでしょうか。

女性　私はコフィアさんのコーヒーをこよなく愛している者です。扉を開けて、非日常的な空間の中でおいしいコーヒーとの出会いとか、コーヒーをお好きな方との、人との出会いとか、本当にエネルギーをたくさんもらったと思います。きょうは標さんのお話が聞けてとても満ち足りた気持ちでおります。その余韻を噛みしめたい気持ちもするのですが、ひとつだけ簡単な質問ですが教えていただきたいと思います。

　しめぎモカが私の一番好きなコーヒーなので、最後に話されたことは私がたいへん聞きたかったことで、そのしめぎモカに出会われた話を聞けたので満足なんですが、今度は焙煎――ご自分が本当に満足のゆく、それから皆さんが好まれる味にするに

コーヒーのエキス

「もか」店内

はまた本当にたいへんなことだろうと思われるんですけれども、そのしめぎモカを焙煎して「これだ！」って思ったときのその気持ち、「できたぞ！」っていったときのお気持ちなどをお聞かせいただければありがたいと思ったのです。

標　そうですねぇ、日本に豆が着きまして、その豆を枕元に置いて、毎日それを起きるときに見て、この豆はどういうふうに煎ったらおいしいかなと考えながら、毎日豆を見てましたね。即煎るようなことはしませんでした。そして豆を毎日毎日見ているうちにこの豆を三つにわけて煎ってみようということで、浅煎り、中煎り、深煎りということで三つに煎って、それを従業員同士でみんなで飲んで。そうすっと、うちにいた従業員たちでも門脇君みたいにベテランになると味の良し

手廻し式コーヒーロースター

悪しがよくわかったんですけれども、十九歳ぐらいの男の子たちはまだ味に関してはまったくよく分からないんですよ。そういう子たちがおいしく飲めたらいいなぁと。門脇君たちはやっぱりいろんなコーヒー飲んでますから、それの良し悪しは分かるだろうけれども、十九歳ぐらいの男の子だとそのコーヒーを飲んでもただ旨いかまずいかだけの表現しかできないんですよ。うちは自分のコーヒーは自分で淹れろっていいますから、十九歳で入ってまだ三ヶ月ぐらいでも自分のコーヒーを淹れさせるんですよ。先ほども言いましたように、中学生でも淹れられるわけですから。ですから、彼たちの場合は一日にそのコーヒーだけでも七杯も八杯も飲んでいたと思うんですよ。それを見て、あいつ七杯八杯飲むってことは、一応、合格点だなと。まずけりゃみなパッとこぼしますからね、私に見えないようにして。ですからそういうことをしながら焙煎やって……。ほんとに豆をメニューに載せて、お客様にお売りしたのは一年以上経ってからだったと思います。

酒井　今の浅煎り、中煎り、深煎りというのはどれが一番適していましたでしょうか。

標　それはやっぱり中煎りですね。

酒井　これからまたしめぎモカをいただくとき、お顔が浮かんできます。

一所懸命さが足りない

酒井　まだどなたかおいでになりますでしょうか。お願いいたします。どうぞ。

男性　私から二つぐらいお聞きしたいと思います。

私は先生とは三回くらいお会いしてます。吉祥寺で一回、六、七年前ですけど。その時もコフィアのマスターに行ってみたらと聞いて行ったんですけども、だいぶ待ちまして、行列作って待ってた気がするんですが、入ったらすばらしかったです。コフィアのマスターのところと椅子、机、まったく同じなんですよね。

それともうひとつは、先ほど話に出ましたように、門下生が——あの時は誰もいなかったんですが——相当厳しい修行に耐えてきて、先生の意思を継いでやっているみたいな方が全国にたくさんいるのかどうか教えていただければ。

例えば私たちが旅行に行ったときに寄ってみたいなという、そういうイメージもありますので。

「もか」で使われていた灰皿

それから、我々にはこだわりのコーヒーってことで情報入ってるんですけども、水がさまざまいわれておりますけども、その辺にもコツがあるのか……。私も毎日朝七時ごろからネルで淹れてますけど、十分から十五分かけてやっとできあがるんです。水ではあまり影響しないといわれてますけども、最近は水がガソリンよりずっと高くなっているわけですし、こだわりの水だとかありましたら、聞かせていただければと思います。

酒井　標さんと同じように、まあ、門下生でなくてもコーヒーを一所懸命やってるお店とか、水はどういう影響があるのかと。

標　たしかに一所懸命やってる人たちはいるんですよ。だけども、いることはいるんですけどね、一所懸命さが足りないですよね。一所懸命さっていうのは時間とお金を使わなくちゃいけないと思うんですよ。ところが自分のコーヒーを毎日飲んで満足してるわけです。たしかに一所懸命やってます。私はそうじゃないと思うんですよね。

　今の時代、たとえば私のところへ電話をかけて郵送してくれっていったら、宣伝くさくなりますけど、郵送するわけですよ。それを一所懸命やってるっていいながら一年に一回も私のコーヒーを飲もうともしないんですね。一所懸命やって「もか」さんみたいになりたいよって暑中見舞いだとか正月の年賀状には必ず書いてあるんですよ。それが全国からずいぶん何枚も来まして。顔と名前があんまり一致しないんですけども、確かにマスコミの雑誌やなんかとかコーヒーの名店なんてのに出てきてるんですけど、一所懸命さが自分だけの範囲の中で一所懸命やってるということで……。

　私ももう少し長くコーヒー屋やりたいなって思ったひとつの理由は、そういう人たちがほんとにもっと一所懸命やってほしいと。それにはやっぱり少なくたって半年に一回は私の豆を買って、どこが違うかみてほしい。なかには、腹が立ったっていいんです、高い豆売りつけやがってと思いながらもコーヒーを淹れてくれてその違いが分かってくれれば。ところがこの頃ウチのお店訪ねてくる方の話を聞いてると、私の話より自分の話をするんです。それで自分のコーヒーを一所懸命美化するんですね。それじゃあ何も高い交通費払ってうちへ来ることないじゃないかって、そう思うんですよ。でも先ほど私が一番最初に話したように、私「謙虚に」って思っ

てるんで、向こうがそれでいいんだったら私がその人の話を聞いてやろうということで、ただ聞くだけなんです。

そこでもう一歩、私に怒られてもいいし、私にその時にいわれたことが悔しくてもいいからって思うんですが、そこまで入ってこないんです。自分の能書きこいて、そのまま帰っちゃって、自分のお店はナンバーワンだと。それで私と一緒に肩かなんか組んで写真を店に貼って、「もか」のお弟子さんです、なんてやられちゃうと、私としちゃあほんとは嫌なんですけども、私ももうそういうことでいちいち腹立てちゃあしょうがないから黙ってますけれども、私の考え方のコーヒーと彼たちの考え方のコーヒーってのはだいぶ違うわけです。

私の店では二十世紀までコーヒーを飲めました、でも皆さんにずいぶん飲んでいただいたから、もういいかなって思って、今は豆売りだけにしています。

そうすると、この頃いろんなところで、「もか」さんのコーヒーを使ってますっていう喫茶店が多いんですよ。ひと言私にいってほしいんですよ、おたくで飲めなくなったからうちで出していいですかとかいえば、淹れ方だとかいろんな注意ができるんです。でもそういうことがなくて結構いろんなところで使われているということなんですね。

でもこれはもう、三十年前から、私の手元から離れた時にはそれはもうお客さんのものだから、お客さんがどんなふうに豆を扱おうがかまわないってことにしてるんです。当時三十年も前ですと、私の豆を買っていったお客さんから電話があって、「おたくのコーヒーは、溶けないじゃないか！」って電話いただいてね、この人何をいってんだろうと思ったら、インスタントコーヒーと同じだと思って「溶けない」という……。ですから私の手元から離れたらもう私のコーヒーじゃないんだってそう思いますから、それはそれでかまわないんですけどもね。ただコーヒーはいつまで経っても業界も変わらないし、業界の流れに乗ってるんだったら自家焙煎をやる必要はないと思うんです。ですから自家焙煎をやる人たちはあともう一歩、一所懸命やってる先輩たちのコーヒーを取って味わってみるとかいう努力をしなきゃいけないけど、皆さん自分のコーヒーでほぼ満足してますね。それでけっこう自分が世界で一番だとか日本で一番だっていうようなことをけっこういってる

ようで……。ウチには雑誌社の人も来ますからね、いやぁこの間参ったよ、しょっぱなから「私のコーヒーは日本一だ」っていわれちゃったらあともう書きようがなかった、そういう裏話も聞きますけども。

でも中には熱心にやってるコーヒー屋さんがあるということは、きょう一所懸命手伝ってくれた皆さんのお店ですとか、東京で作ってる方だとか……。

酒井　今それをお聞きになりたかったと思うんです、お弟子さんで……。

標　お弟子さんじゃないですよ、熱心に勝手についてきたんですよ。(笑)

酒井　そういう一所懸命やってるお店があったら行ってみたいというご質問だったと。いろんな方がいらっしゃると思うけれども、中でもここはいいぞというお店はありますか。

標　中でもぜひ行ってくださいっていうのは、ここに来てる新潟のお店の交響楽さん、それと東京では桜井さんっていう女性の方がやっております。それと九州で美美ってお店があります。それもウチに門脇君より前に、十何年やっぱりいてくれた男の子です。今は彼たちが完全に若手ではずば抜けてます。彼たちはほんとに謙虚です。一所懸命勉強しながら一所懸命私の話を聞いてくれて。

水に負けない焙煎のコーヒーを

標　それとお水の話でしたね。お水は関係ないです、コーヒーは。日本人はお茶をよく知ってますんで、お茶のことに関してものすごく水は大事と……これは大事なんですけども、コーヒーには関係ないです。もし水に負けるようなコーヒーであったら焙煎が悪いってことです。アメリカンコーヒーなんてのは水に完全に負けてましたから、コーヒーの味より水のいやな匂いの方がありましたけども。っていうのはヨーロッパってのは水が悪いから水の代わりにコーヒーを飲んでるというわけですよね。

酒井　こちらの方はお水もおいしい土地柄なんで、おいしい水に越したことはないわけですよね。

標　それは越したことはないけど、わざわざ水を買いに行かなくても水に負けないコーヒーを出してれば、まちがいないと思います。

酒井　……だそうでございます。

「もか」で使われていた焙煎機。内1台を現在コフィアで使用。

花と実のこと

酒井　私最初ちょっと申し上げたけど——これ一枚いただいていいでしょうか——これコーヒーの葉っぱだってさっきおっしゃいましたよね。実はコーヒーというのはあの形でなってるとは思いませんけど、じつはあんまり知らないわけですね。これは専務さんの知ってるお花屋さんの方が、わざわざどなたかからコーヒーの木の枝をいただいて生けてくれたそうですけれど、コーヒー自体、どのようになってるもんなんですか。

標　野生になると七メートルぐらい高いのになりますけれども、だいたい日本に入ってくるのは——いまはね、日本っていうのは生豆はけっこういい豆が入ってきてるんですよ、輸入会社もしっかりして。そうなるとだいたい背丈ぐらいですね。そして赤い実がなって、花が白い花で。

酒井　どんな感じなんですか。

標　白い花ってのは、クチナシの花みたいになってて、それと、赤い実がなって、黄色くなって。

酒井　いわゆる種の部分を使うわけですね。

標　チェリーを食べると豆が入ってるわけですね。

酒井　中の種がコーヒー豆なんですよね。

標　そういうことですね。ただコーヒーに花が咲いてるのは、なかなか見るチャンスは少ないそうですよ。

酒井　そうですか、何月ごろ咲くものなんでしょう。

標　それは国によって違いますね。日本は四季がありますでしょ。

酒井　これも、木ではあるけれどお花は咲かないっていってるそうですよ。

標　なかなか花と実がなるまではうまくやらないと。ま、実まではなんとかできますけれどそれを飲むまでは行かないでしょうね。

酒井　チェリーで食べてもおいしいですか。

標　甘いですよ。でも生の豆となるとものすごく臭いんです。煎る前はものすごく臭いです、ええ。

酒井　あの白い豆ですよね。

標　そうです。私が若い頃には生の豆のいい豆が入ったときっていうのは、銀行から借金してそれを買いまして、私の家の東南の角で……家族は西のほうの寒い部屋に住んで、お豆さんが東南の角の一番いい部屋に置いてあって、家族に、「なんだ、豆がいちばん偉いのか」ってよくいわれましたけどね。

酒井　通気がいいとか。

標　そうそう、通気がよくて。そのぐらい、いい豆ってのは

コーヒーの花

なかなかチャンスがなかったのでね。今はいいですけども、昔は豆がいい時と悪い時とありましたんで。

酒井　最後になりますけど、先ほど申し上げた、松ヶ岡のギャラリーまつで展示していただいているもの、コレクションがいっぱいおありになって、ご自身も資料館をお持ちですよね。そこから貴重な三十点をお借りしていますけど、ぜひ機会を作って、来週の月曜日まで開催しておりますので、皆さんいらしていただきたいと思います。

たいへん美しい形、いわゆる洋の美というんでしょうか、美しいものですよね。だいぶたくさんお持ちでしょう。

標　そうですね、中にはデパートの屋上から飛び降りるような気持ちで買ったものもあります。

酒井　皆さんぜひご覧になりながらお出かけください。来週の火曜日はコフィアがお休みなので門脇さんが出張で松ヶ岡で、標さんが煎ってくださったしめぎモカをお淹れしております。先週も建物全部コーヒーのいい香りで、いらした方はみんな飲みたくなってたくさんの方が上がったんで、門脇さんも汗かいてお一人で淹れてましたけど……。ぜひお出かけください。

鶴岡を特別な地としてまたお出でいただけますでしょうか。

標　ありがとうございます。まあ、コフィアが潰れない限り。はっはっはっは……。

酒井　きょうは本当に楽しいお話をありがとうございました。では皆さま、拍手をもって、お願いいたします。

（左）東京のダフニの桜井さん（中央）新潟の交響楽の湯川君 ―――――― 湯野浜温泉 亀や 1Fラウンジ

（標氏、酒井氏ご退場）

阿部　標さんのコーヒーに対する熱い思いが楽しく語られた、あっという間の二時間でしたけども、ここでこの会を主催いたしましたコフィア店主門脇さんよりご挨拶させていただきます。

門脇　どうも本日はたいへんありがとうございました。マスターが引っ込んだんでこんなこといっても聞こえないと思うんでこんなこといってもいいでしょうけど、たかがコーヒーのためにこれだけ皆さんにご熱心にお集まりいただきまして、ほんとに大感激しております。常日頃私のお店に来ていただけるだけでもほんとに有難いのに、特別の日曜日に時間を割いていただきましたことをなんとお礼申し上げていいかわかりませんけど、心より感謝申し上げます。本日はどうもありがとうございました。

阿部　ではこれをもちましてきょうの会を終了させていただきたいと思います。きょうコーヒーをお召し上がりになることができなかった方は、今月二十二日までコフィアのほうでそのチケットをお持ちいただければ召し上がっていただくことができますので、ぜひコフィアにお越しください。本日はどうもありがとうございました。

〈了〉

あとがきにかえて

「一杯の珈琲にかける マスターの情熱。」

Bloom vol.15「ちょっと気ままに…珈琲タイム　最終回」より転載

その店を知ったのは、たまたまその前を通りかかったから。それまで、都内のあちこちで、「珈琲専門店」の看板を見ては入り、その度に失望して出てくる。その繰り返しでした。今度もダメだろうと思いながらドアを一歩入った瞬間緊張し、店の一番奥に座り注文。そのマンデリンをひと口、口にした途端「ちがう!」と。うまいと言うより、これまで口にしてきた珈琲とは違う生き生きとした風味と味わいに驚き、以来客として通い、ついには店員となり丸11年勤めることに。

その店、吉祥寺の「もか」は、自家焙煎店の草分け的銘店として既に知る人ぞ知る老舗になっておりました。当時より、同じ自家焙煎店の銀座の「L」と共に東西の横綱と言われておりました。私にはそんな予備知識もなく、働くようになってからその店とマスター標交紀の存在の大きさを知ることになります。

マスターは当時40才代。常に仕事に対する厳しい姿勢を崩さず、従業員に対しても厳しく、特に私は人一倍ミスが多くよく叱られました。マスターが客席で大事なお客様と話をしている時など、何故か決まってガチャンとカップを割るんですね。こちらに背をむけているマスターの肩が震えているように見えました。閉店後の電話連絡でその日破損した者は何を割ったか伝え、店のノートにも記載することになっていたのですが、余りに私がしょっちゅう続くもので、もう電話も記入もしなくていいと言われる始末。

事ある毎に私は叱られていた気がします。しかし感情的に怒ることはなくきちんと説明し教えてくれていたのです。それでもマスターの

東京都 吉祥寺にある「もか」

迫力には文字通り身の縮む思いでした。

多くのファンの方も恐いマスターと思っていたでしょう。しかし実のところは楽しい事が好きで、家族には冗談をよく言って笑わせる人でした。マスターと接した多くの人がその咖啡と共に、その人間的魅力から離れられなくなったのです。

その標が、昨年末満月のクリスマスイブに急逝いたしました。まだ67才でした。朝日新聞の「惜別」にも、とりあげられました。元国鉄総裁や大学の名誉教授と共に言わば街の一介の咖啡屋が…。それをしてもいかに標の存在というものが大きなものであったかと思い知らされます。

あれ程までに、咖啡に情熱と執念を燃やし責任を全うしようとした咖啡人はそうはいません。最後の方で奥様に「俺やりすぎたかな」と言ったそうです。それにも涙をこらえることができませんが、「やりすぎたのかもしれないけど、マスターしか、そしてマスターだけができたことです。」と言いたい。

あそこまで味と品のある咖啡と、収集したアンティークの咖啡の道具は標の集大成です。神が咖啡の為に遣わした一人に違いありません。その咖啡と遺志をどこまで継げていけるかわかりませんが、適正な焙煎とネルドリップによる日本人の為の最高の咖啡を目指してまいります。

文／門脇祐希

本書の刊行に当り、下記各社の
ご協賛をいただきました。

アタカ通商株式会社
(世界のコーヒー生豆卸)
東京都中央区日本橋人形町1-6-10 ユニコム人形町ビル5階
TEL 03-5640-1911　FAX 03-5640-1915
ホームページ　http://www.specialitycoffee.jp

株式会社サザコーヒー
(自家焙煎コーヒー。生豆販売)
茨城県ひたちなか市共栄町8-18
TEL 029-270-1151　FAX 029-212-5775
ホームページ　http://www.saza.co.jp

株式会社富士珈機
(焙煎機「DISCOVERY」他。ミル販売)
大阪府大阪市浪速区稲荷1-8-29
TEL 06-6568-0440　FAX 06-6568-0540
ホームページ　http://www.discovery-cafe.jp

株式会社フレッシュロースター珈琲問屋
(コーヒー焙煎豆、各種コーヒー商品扱い)
神奈川県川崎市川崎区桜本2-32-1 川崎SRC3階
TEL 044-270-1440　FAX 044-270-1447
ホームページ　http://www.tonya.co.jp

株式会社ヒロコーヒー
(コーヒー&ケーキ・パン製造販売)
大阪府吹田市江坂町1-7-7-2F
TEL 06-6339-0411
ホームページ　http://www.hirocoffee.co.jp

東京吉祥寺「もか」店主
標《しめぎ》 交《ゆき》紀《とし》
鶴岡市「コフィア」店主
門《かど》脇《わき》 祐《ゆう》希《き》
鶴岡市羽黒 松ヶ岡
「ギャラリーまつ」主宰
酒《さか》井《い》 天《あま》美《み》
鶴岡市 湯野浜温泉
「亀や」 副社長
阿《あ》部《べ》 公《きみ》和《かず》

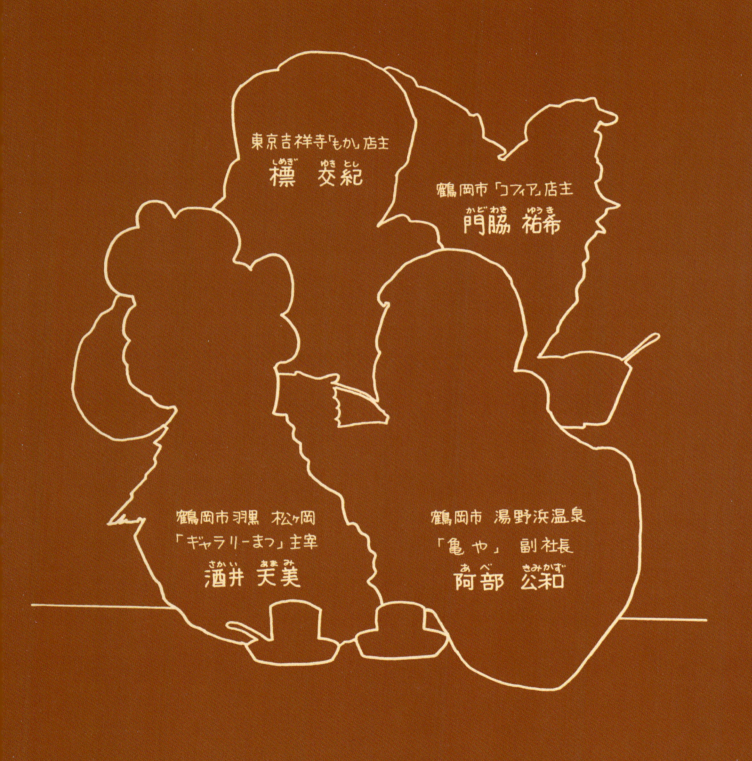

しめぎさんのコーヒー話し

2025年4月20日　第1刷
編　集　門脇祐希
発行者　星田宏司
発行所　株式会社　いなほ書房
〒169-0075 東京都新宿区高田馬場1-16-11
電　話　03(3209)7692
発売所　株式会社　星　雲　社
(共同出版社・流通責任出版社)
〒112-0005 東京都文京区水道1-3-30
電　話　03(3868)3275

乱丁・落丁本はお取り替えします
ISBN978-4-434-35848-7